Brigitte Wilmes-Mielenhausen

Zeig mir, wo die Stille wohnt

Eltern und Kinder entdecken
Wege der Entspannung

Inhalt

Zur Einführung –
Stille Gedanken über die Stille ... 4

1. Meine Gedanken zur Stille ... 8
Bin ich selbst zur Stille fähig? ... 8
So langsam wie eine Schnecke ... 8
Wenn ich sitze, dann sitze ich:
 Die Magie des Augenblicks ... 9
Selbstwahrnehmung aus der Stille –
 Vorstellungsübung ... 10
Forschen Sie nach den Ursachen
 seelischer Störungen ... 12

2. Laß uns einen Ort der Ruhe finden ... 14
Der Natur begegnen ... 14
Abseits der Waldwege ... 15
Die Magie des Wassers ... 18
Sand und Erde ... 22
Himmel, Wolken und Wind ... 26
Berge und Steine ... 30
Kuschelhöhlen zu Hause ... 32

3. Rhythmus und Rituale schenken uns Ruhe und Kraft ... 34
Rituale im Alltag ... 34
Der Tag beginnt ... 35
Es wird Mittag ... 36
Der Tag geht zu Ende ... 38
Die Jahreszeiten –
 Leben im Rhythmus der Natur ... 40

4. Mit allen Sinnen zur inneren Harmonie ... 42
Ich sehe nicht alles so,
 wie du es siehst ... 42
Ich ertaste mir die Welt ... 44
Ein Fühlspaziergang:
 eine Geschichte ... 45
Das bunte Spielfeld der Düfte ... 46
Geschmackssachen ... 48

Inhalt

Ich höre Töne, Klänge und
  Geräusche   49
Eine Geschichte mit
  Naturgeräuschen –
  Unterwegs in der Natur   50

5. Aus der Bewegung zur Ruhe finden   52
Mein Körper, ein Tempel der Seele:
  Körperwahrnehmung   54
Entspannung durch Massage   56
Entspannung durch Yoga   58
Ein Yogamärchen zum Anhören
  und Mitmachen   60
Mit der Elfe Klingklang ins
  Yogaland   61

6. Im Wolkenbett zum Regenbogen: Phantasiereisen   66
Reisen zu den inneren Bildern   66
Die kleine Wolke   67
Der Zwerg und der Regenbogen   68
Der blaue Delphin   69
Unterwegs im Urwald   70
Der Bergkristall   71
Der Nachtvogel   72
Prinzessin Tausendschön und die
  goldene Muschel   73
Zu jeder Zeit, an jedem Ort:
  Autogenes Training   74
Eine Entspannungsgeschichte mit
  Formeln des Autogenen Trainings –
  Im Garten des Kaisers   76

7. Verweilen in der eigenen Mitte   78
Wir leben ganz im Augenblick   78
Kennst du das Wort Langeweile?   79
Die Kraft der Mandalas   82
Phantasiebilder aus der Stille   84
Eine Bewegung entsteht in dir:
  Spontanbilder   85
Religiöse Erfahrungen
  aus der Stille   86
Vom Ich zum Du   90

Ein Wort zum Schluß   94
„Erste Hilfe"
  für unruhige Kinder!   95

Zur Einführung –
Stille Gedanken über die Stille

Kennen Sie diese Situation? Sie stehen vor Ihrem Terminkalender und stellen entsetzt fest, daß es kaum noch freie Felder gibt in diesem unübersichtlichen Gewirr von Eintragungen und Vermerken. Wo jetzt noch die Verabredung mit einer befreundeten Familie unterbringen, die schon seit längerer Zeit geplant ist? Keine Chance mehr; die ganze Woche ist randvoll verplant. Schon am Montagmorgen die ersten Termine: mit der Jüngsten zum Babyschwimmkurs, anschließend den Mittleren vom Kindergarten abholen und schnell noch ein paar Einkäufe erledigen, bevor der Älteste aus der Schule nach Hause kommt. Nach dem Mittagessen Arzttermine, Musikschule und Kinderturnen … Und auch die übrigen Wochentage verlaufen ähnlich, nur die Aktivitäten sind andere. Angesichts der Anhäufung von Aktivitäten, der Hetze und Schnellebigkeit drängt sich die Frage auf: Gibt es in unserem Alltag noch Stunden der Stille?

Gibt es Freiräume für Muße, Entspannung, Träume, Phantasien? Sind wir noch fähig, einfach nur dazusitzen und eine Blume zu betrachten, einen Baum oder ein Tier? Können wir ganz zeitlos in der Gegenwart verweilen und mit den Gedanken bei einer Sache bleiben, ohne gleich danach zu fragen, was uns das bringt oder welchen Berg an Aufgaben wir noch schnell erledigen müßten? Viel zu häufig beschäftigen wir uns damit, wie wir unsere Kinder zu allen erdenklichen Tätigkeiten aktivieren können, um ihnen auf diesem Wege die bestmöglichen Startchancen für ihr Leben zu bieten. Eine Rechnung, die zu einfach ist und nur selten aufgeht. Zu oft bleiben wir in der Welt des Äußeren stecken. Immer wieder ertappen wir uns bei Äußerungen wie: „Mach mal etwas!" „Tu doch endlich was!" Häufig reagieren Kinder bereits auf unsere Erwartungshaltung und stellen Fragen wie: „Was machen wir jetzt?" „Was soll ich spielen?" Und wir antworten mit Vorschlägen, die wiederum auf das „Machen" zielen: „Male mir mal ein Bild!" „Zeige mir mal, was ihr gebastelt habt!" Wir fordern sie zu immer neuen Leistungsnachweisen auf. Auch wenn Kinder von sich aus mit vielen neuen Wünschen an uns herantreten, bremsen wir sie nicht, sondern freuen uns über ihre Begeisterungsfähigkeit.

Stille Gedanken über die Stille

Viel zu selten fragen wir dagegen: „Wie geht es dir? Was fühlst du?" „Was brauchst du im Augenblick wirklich?" Wir übersehen allzu schnell die innere Verfassung des Kindes, die Welt der Gefühle und Träume, der ganz persönlichen Gedanken, Hoffnungen, Wünsche und Ängste. In dieser inneren Welt mit ihren eigenen Gesetzen und Bildern liegt ein winziger Kern verborgen, den ich als das wahre Wesen oder das wahre Selbst bezeichnen möchte. Der Zugang ist jedoch nur möglich, wenn ich mich nicht verliere in zahllosen, manchmal unbedachten Aktivitäten, die mich nicht weiterbringen. „Bleiben und Stille bewahren", schreibt Gottfried Benn am Ende eines Gedichtes, das vom rastlosen Suchen und Reisen handelt. Dies soll jedoch nicht heißen, daß Kinder zu hoffnungslosen Träumern erzogen werden sollen, die sich auf ihre ferne Insel zurückziehen, anstatt der Realität mit ihren Leistungsanforderungen und Konflikten ins Auge zu sehen. Es geht vielmehr darum, eine Waage, die aus dem Gleichgewicht geraten zu sein scheint, wieder ins Lot zu bringen. In der östlichen Weltanschauung und Lebenspraxis existiert das Harmonieprinzip von Yin und Yang, das von einem dynamischen Gleichgewicht der Gegensätze ausgeht: Anspannung und Entspannung, Aktivität und Ruhe, Lärm und Stille sollten sich ablösen wie Tag und Nacht, Sonne und Mond, hell und dunkel.

Wenn es nur noch wenige Ruhezonen gibt, gerät das ganze System unseres Körpers und unserer Seele aus dem Gleichgewicht. Wie bei einem Auto, das im zweiten Gang ständig mit 140 Stundenkilometern durch die Gegend rast, wird es bald zu unübersehbaren Folgeschäden kommen. So finden sich heute bereits bei Kindern psychosomatische Störungen und typische Erwachsenenkrankheiten wie Kopfschmerzen, Schlafstörungen, Magenschmerzen, innere Unruhe und Konzentrationsprobleme.

Übersteigerte Aggressionen und andere Verhaltensstörungen machen Erwachsene zunehmend ratlos.

Diese Erscheinungen haben sicher ganz verschiedene Ursachen. Reizüberflutung, Spielzeugüberangebot, Schul- und Freizeitstreß sind nur einige Faktoren in einem ganzen Bündel von Umwelteinflüssen. Ein wesentlicher Faktor liegt auch in der einseitigen „Medienkost". Dabei geht es keineswegs darum, moderne Technologien zu verdammen. Sie sind bei der Lösung zahlreicher Aufgaben nicht mehr wegzudenken. Und auch die sogenannten „Computerkids" sind nicht bloß abgestumpfte, anspruchslose Konsumenten, die sich mit dem „Joystick" in die fernen Sphären verschiedener Computerspiele flüchten. Eine solche Einschätzung wäre zu oberflächlich und zu einfach.

Zur Einführung

Allerdings macht es auch hier wieder die richtige Dosierung und der richtige Umgang mit dieser Medienwelt. Denn in vielen Familien wird Freizeit nur noch per Knopfdruck geregelt. Mit der Fernbedienung „zappt" man sich durch zwanzig verschiedene Fernsehprogramme. Schon ab dem dritten Lebensjahr sitzen die meisten Kinder regelmäßig vor dem Bildschirm, und bei Schulbeginn haben sie bereits rund 800 Stunden Fernsehkonsum in sich hineingestopft. Von allen Sinnen ist das „Gucken", also der Gesichtssinn, heute bei vielen Kindern am besten ausgeprägt, meistens in Begleitung mit dem Gehörsinn. Die Welt ist eine Welt der äußeren, flackernden, rasch wechselnden Bilder. Kinder wissen oftmals nicht mehr, wie der Wald riecht, wie ein Kuckuck ruft oder welche Jahreszeit wir gerade haben. Ganzheitliche Erfahrungen, bei denen der Mensch mit all seinen Sinnen beteiligt ist, bei denen er nicht nur sieht, sondern auch bewußt hinhört, riecht, schmeckt, berührt, bei denen Körper und Geist zusammenarbeiten, sind rar. Sie sind aber wichtig für die seelische Gesundheit und eine vielseitige Entfaltung und Entwicklung des Kindes. Rauschende Wellen, der Geruch von Salzwasser, kreischende Möwen, das wohlige Gefühl, im Sand zu matschen und zu formen, das sind solche ganzheitlichen Erfahrungen, die uns meist in ein tiefes Gefühl der Ruhe und Zufriedenheit versetzen.

Gewiß, Kinder besitzen naturgemäß die Fähigkeit, sich ganz hinzugeben an den Augenblick, ganz im „Hier und Jetzt" zu verweilen, sich völlig in ein Spiel zu versenken und sich dabei ganz natürlich zu entspannen. Brauchen sie dann überhaupt so etwas wie Stilleübungen, entspannende Phantasiereisen, Yoga oder meditative Spiele? Ich denke, daß sie solche Spiele und Techniken in der heutigen Zeit mit ihren oft sehr einseitigen Anforderungen ganz dringend brauchen. Ich denke darüber hinaus, daß es wichtig ist, sie frühzeitig mit Möglichkeiten in Kontakt zu bringen, die ihnen einen selbstverständlichen Zugang zu ihrer inneren Welt eröffnen.

Gerade in unserer Zeit sind das Interesse an dem Wie und Warum des menschlichen Verhaltens und die Suche nach dem Sinn der menschlichen Existenz neu erwacht. Viele haben begriffen, daß die Erfüllung immer neuer Wünsche nicht alles sein kann. Dazu gesellen sich noch die Verunsicherungen, die entstehen, wenn die eigene Zukunft unsicher zu sein scheint, wenn sich Dinge sehr rasch ändern und einen das Gefühl überfällt, keinen festen Boden mehr unter den Füßen zu haben. In diesen Zeiten raschen Umbruchs ist es wichtig, wenigstens in der eigenen inneren Welt ein beständiges Zuhause zu finden.

Stille Gedanken über die Stille

Kinder besitzen eine besondere Vorliebe für Bilder, Symbole und stimmungsvolle Rituale. Solche Rituale und Zeremonien sind keineswegs „fauler Zauber", mit dem man sie oberflächlich beeindruckt. Spiele mit Lichtern, Klängen, Mandalas fesseln die Aufmerksamkeit. Sie sprechen Kinder in ganzheitlicher Weise an und stärken die Kräfte des Gefühls und der Intuition.

Kinder können entgegen vielen bestehenden Vorurteilen durchaus für längere Zeit still sitzen, schweigen und ruhig beobachten. Auch wenn Bewegung ein kindliches Urbedürfnis ist. Kinder lieben die unterschiedlichsten Bewegungsabläufe. Sie schaukeln gern, klettern auf Zäune und Bäume, hopsen über Hindernisse und springen durch Pfützen. Aber genau so, wie sie Bewegung brauchen, entwickeln sie rasch eine erstaunliche Faszination für Ruhe. Diese fast magische Anziehungskraft erfaßt manchmal die größten Raufbolde und Unruhestifter. Gerade zu Hause, in der Familie, gibt es immer wieder Situationen, in denen stille Spiele und meditative Übungen ganz neue Horizonte eröffnen können.

- Deshalb ist dieses Buch Eltern und Kindern gewidmet. Statt Eltern könnte man hier übrigens auch Personen einsetzen, die anstelle von Eltern zeitweise oder dauerhaft mit Kindern zusammen sind wie Großeltern, Verwandte, ältere Geschwister, Menschen, die Kinder in Tagespflege betreuen.
- Die praktischen Übungen und Phantasiegeschichten richten sich an die Altersgruppe der Drei- bis Achtjährigen. Dabei sind nicht alle Beispiele für jedes Alter geeignet. Sie werden selbst erkennen, welche Übung für welche Entwicklungsphase in Frage kommt.
- Das Buch setzt nicht voraus, daß Sie eigene Erfahrungen mit Meditationstechniken oder Yoga mitbringen. Wenn Sie solche Vorkenntnisse haben, so ist dies aber sicher hilfreich.
- Das Buch versucht einen Überblick über die verschiedenen Möglichkeiten der Entspannung zu geben. Die Vielfalt gibt Ihnen dabei die Möglichkeit, Übungswege auszuwählen, die für Ihr Kind besonders geeignet sind.
- Das Buch soll keinen „Entspannungsstreß" erzeugen. Denken Sie nicht: „Je mehr Übungen ich auswähle, um so besser!" Nicht die Menge der Übungen bestimmt den Erfolg, sondern die Qualität. Selbst wenn Sie nur eine Handvoll Ideen umsetzen und Ihre Kinder auf diesem Wege zu mehr Stille und Konzentration finden, so hätte das Buch bereits seinen Sinn erfüllt.
- Sie können, wenn Sie Lust dazu haben, praktisch gleich in einzelne Übungsbeispiele einsteigen. Sie können aber auch, und dies halte ich für sinnvoll, zunächst das folgende Kapitel lesen. Dabei haben Sie die Möglichkeit, sich ganz persönliche Fragen zu stellen und gemeinsam in der Familie nach neuen Zielen und Möglichkeiten zu suchen, wie Sie das alltägliche Zusammenleben mit mehr Bewußtsein, weniger Streß und mehr Lebensfreude und Gesundheit gestalten können.

1 Meine Gedanken zur Stille

Bin ich selbst zur Stille fähig?
Es liegt ganz selbstverständlich auf der Hand: **Wenn ich Kinder zur Stille führen möchte, so ist die Frage unausweichlich: Bin ich denn selbst überhaupt zur Stille fähig?** Jeder wird einsehen, daß es wirkungslos bleiben muß, mit einem Kind Entspannungsübungen zu machen, wenn im familiären Umfeld Hektik und Konflikte nur so toben und kein Erwachsener bereit ist, nach den tieferen Ursachen zu suchen und Lösungswege zu entwickeln. Andererseits haben Sie recht, wenn Sie jetzt einwenden: „Schon wieder soll ich bei mir selbst nachsehen. Schon wieder habe ich vielleicht etwas falsch gemacht." Die moderne Elternliteratur ist voll von guten Ratschlägen für alle Lebenslagen, und leider hat sie oft einen fragwürdigen Nebeneffekt: Sie redet uns immer wieder ein schlechtes Gewissen ein. Verunsicherungen und Schuldgefühle sind jedoch kein guter Nährboden für ein befriedigendes Zusammenleben von Eltern und Kindern.

Deshalb betrachten Sie die nachfolgenden Hinweise lediglich als einen Gedankenanstoß. Es geht darum, von schnellen Lösungswegen und oberflächlichen, symptomatisch orientierten Heilswegen wegzukommen und möglichst eine ganzheitliche Sichtweise einzunehmen.

So langsam wie eine Schnecke
Mein Sohn war damals vielleicht drei Jahre alt, als ich nach einem warmen Sommerregen mit ihm einen Spaziergang unternahm. Wir wollten zu einem nahe gelegenen Bauernhof gehen, um uns dort die vielen Trecker anzuschauen, die mein Sohn in diesem Alter so faszinierend fand. „Trecker" war schließlich das absolute Lieblingswort des Kindes, und nichts interessierte ihn in seiner Kinderwelt mehr als diese gewaltigen, geräuschvollen Maschinen. Also hatten wir ein schönes Ziel. Doch da es geregnet hatte, waren auch unzählige kleine Schnecken unterwegs, die immer wieder unseren Weg kreuzten. „Schnecke", rief mein Sohn

Bin ich selbst zur Stille fähig?

begeistert, und er bückte sich zu den langsamen Weggenossen hinab, kitzelte sie vorsichtig an den Hörnern und beobachtete ganz versunken, wie sie im Zeitlupentempo von einem Fleck zum anderen schlichen.

Nach einer Weile schaute ich auf die Uhr: „Wir müssen aber jetzt zum Bauernhof gehen", sagte ich ungeduldig. Meinen Sohn schien dies nicht zu interessieren. Er hatte unseren Plan vergessen. Für ihn gab es im Augenblick nur Schnecken und sonst nichts auf der Welt. Meine Ungeduld wuchs. Aber dann dachte ich nach: Ist die Schnecke nicht in unserem Sprachgebrauch ein bildhafter Vergleich für das unendlich Langsame?

Ich stellte mir die Frage, warum ich eigentlich so ungeduldig war, und warum ich es nicht zulassen konnte, daß wir unser Ziel, den Bauernhof, aus den Augen verloren. Nach dieser Einsicht wurde ich ruhiger. Ich hockte mich neben das Kind und beobachtete ebenfalls die winzigen Tiere, die scheinbar nicht vom Fleck kamen. Ich wurde innerlich vollkommen ruhig und konnte mich ganz dieser scheinbar sinnlosen Beschäftigung hingeben. Das Schneckenschauen dauerte fast eine Stunde. Danach kehrten wir zufrieden heim.

Dieses Beispiel soll natürlich nicht den Eindruck vermitteln, daß es überflüssig ist, Ziele zu verfolgen. Ganz im Gegenteil: Wir brauchen konkrete Ziele und ein planvolles Vorgehen. Wie wichtig Ziele in unserem Alltag sind, werde ich noch auf den folgenden Seiten ausführen. Darüber hinaus sollten wir aber die Magie des Augenblicks nicht vergessen.

Wenn ich sitze, dann sitze ich: Die Magie des Augenblicks

Vielleicht kennen Sie dieses Beispiel: Ein Mönch wurde gefragt, warum er einen so ruhigen und zufriedenen Eindruck mache. Ohne lange nachzudenken, antwortete er: „Das ist ganz einfach. Wenn ich sitze, dann sitze ich, wenn ich stehe, dann stehe ich, wenn ich gehe, dann gehe ich."

„Aber das machen wir doch auch", antworteten die Leute. „Wirklich?" fragte der Mönch. „Mir scheint es bei euch anders zu sein: Wenn ihr sitzt, dann steht ihr bereits, und wenn ihr geht, dann seid ihr schon am Ziel."

Aufmerksamkeit und Bewußtsein helfen uns, viele Geschehnisse wahrzunehmen. **Da wir aber in Gedanken meist schon einen Schritt weiter sind, können wir das Hier und Jetzt kaum wahrnehmen und geraten in Streß, weil das ferne Ziel im Hinterkopf Ungeduld erzeugt und den Genuß des Augenblicks zerstört.**

Kinder leben ganz im Augenblick. Können auch Sie bei sich diese Fähigkeit entdecken?

Eine Mutter berichtete mir vor einiger Zeit: „Ich hetze meine Kinder den ganzen Tag. Wir jagen von einem Termin zum anderen." Sie sah aber nicht, daß sie es eigentlich selbst war, die den Terminstreß erzeugte. Ihr war nicht bewußt, daß sie nicht zwangsläufig ein Opfer äußerer Umstände sein muß, sondern daß sie die Rahmenbedingungen selbst gestalten kann. Fragen wie „Wo stehe ich? Was brauche ich? Was braucht meine Familie? Welche Ziele verfolge ich, und welchen Sinn haben sie?" können erste Schritte in die Richtung einer Neuorientierung sein.

Selbstwahrnehmung aus der Stille – Vorstellungsübung

In der Hektik des Alltags bleibt kaum noch Zeit, auf die Signale des Körpers zu hören und Ruhe zu finden. Wir verdrängen unsere Gefühle und merken dabei oft nicht, daß wir unsere eigenen Bedürfnisse ignorieren. Wir beginnen, uns selbst zu verlieren. **Damit wir jedoch im Leben bestehen können, brauchen wir Momente der Ruhe, um in uns hineinzuhorchen und neue Ziele zu finden.** Nehmen Sie sich dazu etwa zwanzig Minuten Zeit, vielleicht abends, wenn die Kinder im Bett sind und schlafen. Setzen Sie sich an einen ungestörten Ort und beginnen Sie, Ihren Körper mit Ihrem „inneren Auge" zu durchwandern.

Spüren Sie, wie Sie dasitzen: Nehmen Sie die Körperhaltung wahr, die Spannung in einzelnen Körperteilen, die Atmung ... Versuchen Sie, sich Ihren Körper ganz deutlich vorzustellen und sich ein inneres Bild von sich selbst zu machen. Fragen Sie sich: Wie ist mein Befinden? Wie fühle ich mich? Versuchen Sie, das Gefühl in Worte zu kleiden wie „Alles wird mir zuviel."

Stellen Sie sich vor ...

Stellen Sie sich vor, Sie könnten sich selbst auf einer Kinoleinwand betrachten, so, als sähen Sie sich selbst als Schauspieler. Wie ist Ihr äußeres Erscheinungsbild? Wie sind Licht und Farben? Gibt es Geräusche? Was sagen Sie in diesem Film? Was empfinden Sie beim Betrachten der Bilder? Welche Meinung haben Sie von sich? Merken Sie sich diese Empfindungen, oder schreiben Sie die Eindrücke gleich auf.

Entwerfen Sie neue Ziele

Entwerfen Sie nun in der Vorstellung ein neues Bild von sich. Wie möchten Sie sein? Verwenden Sie dabei nur positive Formulierungen. Sagen Sie auf keinen Fall: „Ich möchte nicht immer so gestreßt sein." Sagen Sie statt dessen: „Ich möchte gelassen sein und das Leben mit meiner Familie genießen." Stellen Sie sich den gewünschten Ziel-Zustand wieder wie eine Filmszene vor. Malen Sie sich diese Szene aus. Nehmen Sie die Farben wahr, die Geräusche, die Gerüche. Welche Gefühle steigen in Ihnen auf, während Sie die Bilder ansehen? Genießen Sie diesen neuen Zustand.

Schaffen und prüfen Sie Ihre Ziele

Wenn Sie Ihr Leben aktiv in die eigenen Hände nehmen möchten, müssen Sie sich klare Ziele schaffen. Je attraktiver und konkreter jedes einzelne Ziel formuliert ist, desto größer ist die Motivation, Bewußtsein und Unterbewußtsein auf diesen Zielzustand hin streben zu lassen. Überprüfen Sie Ihre Ziele kritisch. Sind sie wirklich sinnvoll und realistisch? Nehmen wir an, Sie haben das Ziel: Ich möchte mehr Zeit mit meiner Familie verbringen. Dieses Ziel ist sicher sinnvoll und läßt sich oft auch verwirklichen. Ein Ziel wie „Mein Kind soll mehr Leistungen in der Schule bringen" wäre nicht logisch, weil Sie es als Eltern nicht allein in der Hand haben, welche Leistungen Ihr Kind bringt, und weil es im Hinblick auf unser Thema nicht um leistungsorientiertes Denken gehen kann.

Vorstellungsübung

Setzen Sie Ihre Ziele praktisch um

Die besten Wünsche nützen nichts, wenn sie nur in der Vorstellung bestehen. Deshalb überlegen Sie nach der Vorstellungsübung, welche Schritte nötig sind, um das gesetzte Ziel zu erreichen.

Wenn Sie dabei nicht weiterkommen, nehmen Sie sich zwei Blätter Papier. Auf das eine Blatt schreiben Sie das heutige Datum und legen es auf die Erde.

Auf dem anderen Blatt notieren Sie Ihr Ziel. In diesem Fall: „Ich möchte mehr Zeit mit meiner Familie verbringen." Legen Sie das Ziel-Blatt dort auf den Boden, wo Sie sich Ihr Ziel vorstellen, und denken Sie sich in den Ziel-Zustand hinein. Schließen Sie die Augen. Stellen Sie sich Szenen vor, etwa wie Sie mit Ihrer Familie einen Waldspaziergang machen oder gemeinsam Muscheln sammeln. Malen Sie sich alle Einzelheiten aus. Stellen Sie sich Ihr Ziel so lebhaft vor, als wäre es bereits eingetreten. Fragen Sie: Wie kann ich mein Ziel erreichen? Welche Schritte sind nötig? Wer kann mir helfen?

Öffnen Sie nun die Augen und notieren Sie sich die Schritte wie „Ich werde mit meinem Partner reden. Ich organisiere ein Familienwochenende ..."

Gehen Sie mit Ihrem Plan von Ihrem Ausgangspunkt zum Ziel-Ort. Nehmen Sie sich Zeit und stellen Sie sich die Phasen Ihres Handelns noch einmal bildhaft vor. Überlegen Sie immer wieder, ob Sie alle wichtigen Faktoren berücksichtigt haben. Eventuell verändern Sie die Ziele noch einmal oder die einzelnen Schritte dahin. Fragen Sie sich, welche Widerstände es geben könnte, wie sie alle Beteiligten in die Planung einbeziehen und wie sie Konflikte lösen könnten. Scheuen Sie sich dabei nicht, Probleme anzusprechen!

Mein persönlicher Plan

Wie fühle ich mich?	Mein Ziel	Was muß ich dafür tun?	Zeitplan
Unruhig Gehetzt	Mehr Zeit mit der Familie verbringen	Mit meinem Mann und meinen Kindern über meine Gefühle sprechen	kurzfristig: Gespräch mit meinem Mann und den Kindern
		Sinn und Unsinn von Terminen prüfen	mittelfristig: Überflüssige Aktivitäten/ Termine absagen
		Ein gemeinsames Familienwochenende planen	langfristig: Wochenendplanung für die Familie

Meine Gedanken zur Stille

Forschen Sie nach den Ursachen seelischer Störungen

Sicher ist der Einwand gegen bestimmte Entspannungsmethoden berechtigt, daß sie sich lediglich den Symptomen zuwenden, die tieferen Konflikte, die vielleicht Ursache für Störungen sind, jedoch unberücksichtigt und unbehandelt lassen. Es kann sogar sein, daß sich diese durch die permanente Verdrängung der tieferen seelischen Konflikte verschärfen und die Symptome immer wieder – vielleicht in einem anderen äußeren Erscheinungsbild – auftreten.
So kann ein Kind mit Hilfe des Autogenen Trainings vorübergehend zur Entspannung gebracht werden. Die Besserung der Streßsymptome wird jedoch nur von kurzer Dauer sein, wenn nicht die Ursachen gesehen und verändert werden. **Die Unruhe von Kindern, das Nicht-Stillsitzen-Können, die fehlende Bereitschaft zur Konzentration, das alles sind Symptome, die ganz unterschiedliche Hintergründe haben können.**
Deshalb vergessen Sie bei der Lektüre dieses Buches nicht, über die Spiele und Übungen hinaus, sich selbst und ihr ganzes Familiensystem im Auge zu behalten.

Stille ist nicht gleich Stillstand,
Stille ist nicht gleich Starre.
Stille kann bedeuten:
betrachten, beobachten,
nachdenken, besinnen, loslassen,
mit allen Sinnen genießen,
die eigene Mitte finden,
sich mit neuer Kraft und Energie
dem Leben zuwenden.

Kinder zur Stille führen heißt:
zunächst selbst still werden können.
Kinder zur Stille führen heißt:
über sich selbst nachdenken.
Kinder zur Stille führen heißt:
die Umgebung bewußt sehen,
gestalten, verändern.

Ursachen für Streß bei Kindern

Warum Kinder gestreßt sein können

Oft sind Unruhe und Konzentrationsschwierigkeiten die äußeren Anzeichen für Streß bei Kindern. Meist ist nicht nur eine Ursache für diesen Zustand verantwortlich. Um Ihrem Kind zu helfen, sollten Sie nach den Gründen für die innere Angespanntheit suchen. Vielleicht finden Sie diese in der folgenden Liste:

- Übermäßig viel Spielzeug: Das Kind verliert den Überblick, es spielt nur kurz mit den Materialien und wechselt sehr häufig seine Aktivität
- Überforderung durch Freizeitstreß: Manche Kinder haben noch neben Kindergarten und Schule einen vollen Terminkalender
- Medienvielfalt: zu viele Stunden vor wechselnden Fernsehprogrammen oder Computerspielen
- Zu wenig befriedigende Spielmöglichkeiten und Bewegungsräume
- Hohe Leistungserwartungen der Eltern
- Hohe Leistungsanforderungen in der Schule, ent-sinnlichte Lerninhalte
- Familiäre Konflikte: Eheprobleme der Eltern, Trennung, Arbeitslosigkeit, enge Wohnverhältnisse, Rollenkonflikte zwischen Haushalt und Job, Konflikte mit Geschwistern …
- Zu wenig Geborgenheit, Verläßlichkeit, Nähe, emotionale Wärme, Liebe
- Die tieferen Spannungen und Verletzungen entstehen nicht nur außerhalb der Familie (z. B. in Schule und Umwelt), sondern in der Familie selbst, die oft versucht, aufgrund ihrer eigenen ungelösten Konflikte das Kind in ein bestehendes System zu pressen, das den elementaren Bedürfnissen des Kindes nach eigenständiger Entwicklung, nach Verstanden- und Angenommensein entgegensteht
- Körperliche und seelische Fehlentwicklungen, Erkrankungen und Behinderungen (z. B. das sogenannte „Aufmerksamkeits-Defizit-Syndrom" oder andere mögliche Ursachen)
- Traumatische Erfahrungen

Holen Sie sich bei auffälligen und lange anhaltenden Symptomen wie Unruhe, Konzentrationsschwierigkeiten, Hyperaktivität, vermehrter Aggressivität, aber auch bei auffälliger Passivität, Verschlossenheit und Rückzugstendenzen Unterstützung bei Ihrem Kinderarzt, oder nehmen Sie eine psychotherapeutische Beratung in Anspruch!

2 Laß uns einen Ort der Ruhe finden

Der Natur begegnen

Kinder lieben es, im Freien zu spielen. Schlechtes Wetter scheint sie dabei viel weniger zu stören als Erwachsene. Immer wieder zieht es sie hinaus. **Nach einer Zeit des Herumtollens in der freien Natur wirken Kinder oft wie verwandelt: Sie haben frische Energie getankt, spielen konzentriert, verwirklichen zum Teil erstaunlich konstruktive Ideen und zeigen sich insgesamt ausgeglichen. Gehen Sie deshalb möglichst bei jedem Wetter mit ihren Kindern in die Natur.** Bei jedem Wetter heißt: auch, und vielleicht gerade, bei Regen, Wind, Eis und Schnee, denn besonders die Unbill des launischen Wetters verspricht herrliche Erfahrungen, die Körper und Geist erfrischen und beleben. Zählen Sie einmal die Stunden in der Woche, die Ihre Kinder im Freien verbringen. Gibt es gemeinsame Spaziergänge?

Gehen Sie auch einmal zu Fuß durch die Lande, oder muß immer gleich ein Bobbycar, das Dreirad oder Fahrrad mit? Bei zu häufigem Gebrauch solcher Vehikel kann mit der Zeit ein ganzheitliches Naturerlebnis verlorengehen. Die Schnecke, die sich am Straßenrand ihren Weg bahnt, wird gar nicht mehr wahrgenommen. Leben in und mit der Natur läßt Kinder erfahren, daß der Baum, die Blume oder das Tier, selbst der Stein ein Teil der Schöpfung sind.

Kinder lernen die Natur als einzigartig und bewahrenswert kennen. Langfristig entwickeln sie Achtung, ja Faszination für Naturphänomene, und sie erfahren, daß Natur- und Umweltschutz sich lohnen. **In die Natur zu gehen läßt uns zu vielen alltäglichen Problemen in Distanz treten.** Manchmal sehen wir die Dinge viel klarer, erhalten neue Einsichten, fühlen uns eins mit uns und vielleicht rundum erfüllt.

> **Tip**
>
> An vielem, was da kreucht und fleucht, gehen wir achtlos vorüber. Kinderlupen gibt es für nur ein paar Mark in Spielzeuggeschäften. Durch die Lupe betrachtet öffnet sich eine neue Sichtweise, die es uns ermöglicht, selbst winzige Dinge zu beachten.
> Übrigens: Man muß nicht immer alles klassifizieren wie im Biologieunterricht. Sie können sich die Dinge auch einfach gemeinsam anschauen. Bleiben Sie mit Ihren Gedanken ganz bei der Sache. Nehmen Sie sich Zeit. Und schlüpfen Sie in Gedanken in die Haut des Käfers oder in den Körper der Schnecke.

Der Natur begegnen

Abseits der Waldwege

Verlassen Sie die vorgezeichneten Wege, und begeben Sie sich querfeldein auf die Pirsch in unwegsames Gelände. Da sehen Sie einen Borkenkäfer, der einen Baumstamm hinaufkrabbelt. Dort erblicken Sie ein feines Rinnsal zwischen dichtem Laub. In der Ferne zimmert sich ein Specht seine Wohnhöhle. Sie spüren den feuchten, modrigen Geruch von Laub und den aromatischen Duft von Tannennadeln. Sich auf ein Walderleben einzustimmen geschieht am besten über bewußtes Hinhören und Lauschen.

Nicht jeder empfindet den Wald als idyllischen Ort der Ruhe. Vielen wird es hier auch unheimlich. Welche Gefühle haben Sie und Ihre Kinder, wenn Sie den Wald besuchen?

Der Klang des Waldes

Schweigen im Walde – im wahrsten Sinne des Wortes: Hören Sie gemeinsam genau hin. Versuchen Sie nicht zu reden. Um sich besser zu konzentrieren, können Sie auch die Augen schließen. Gemeinsam bestimmen Sie einen Spielleiter, der durch dieses Spiel führt. Einigen Sie sich vorab auf ein bestimmtes Signal: Wenn der Spielleiter zum Beispiel einen Zweig oder ein Blatt in die Luft hebt, beginnt die Schweigeminute. Eine Minute kann ewig dauern. Wenn Sie und Ihr Kind schon etwas geübter sind, versuchen Sie mehrere Minuten zu schweigen. Nach den Schweigeminuten gibt der Spielleiter wieder ein verabredetes Zeichen, und Sie können sich über das unterhalten, was Sie gehört haben. Haben alle das gleiche gehört? Konnten Sie Tierstimmen erkennen? Gab es Geräusche, die Sie gar nicht zuordnen konnten?

Knickdiknack

Was knackt denn da im Unterholz? Bei diesem Spiel lehnt sich Ihr Kind mit dem Rücken zu Ihnen an einen Baum. Nun können Sie ihm Rätsel aufgeben. Ihr Kind soll erraten, was Sie gerade tun: Brechen Sie einen Zweig durch, daß es knackt. Rascheln Sie mit Laub. Werfen Sie einen Tannenzapfen, pflücken Sie einen Farn oder trommeln Sie auf einem Baumstumpf … Dann tauschen Sie die Rollen. Jetzt darf sich Ihr Kind etwas ausdenken, und Sie hören zu.

Ruft der Kuckuck von dem Ast

Jeder Baum, jedes Gebüsch kann zu einem Versteck werden. Entfernen Sie sich ein paar Meter von Ihrem Kind. Nun rufen Sie „Kuckuck". Kann es dem Klang nachgehen und Sie finden? Wenn Ihr Kind Sie nicht findet, geben Sie erneut einen „Kuckuck-Ruf" von sich.

Bäumchen, wechsle dich

Jeder Mitspieler sucht sich einen Baum aus, der ihn besonders anspricht. Er kennzeichnet diesen, etwa mit einem Kleidungsstück. Jeder befühlt nun seinen Baum und verbindet damit die Vorstellung: Das ist mein Baum. Nun ruft (oder flüstert) der Spielleiter in den Wald hinein: „Bäumchen, wechsle dich!" Sofort verläßt jeder Mitspieler seinen festen Standort und sucht einen anderen Baum auf. Auch der neue Baum wird mit den Händen befühlt und erfahren. Allerdings spielen nur all jene Bäume mit, die von den Mitspielern in Besitz genommen und gekennzeichnet wurden.

Der selbstgebaute Wald in meinem Zimmer

Geben Sie Ihrem Kind eine Kiste aus Holz oder Pappe und füllen Sie diese mit Sand, Moos oder Erde. Hier kann ein kleiner, nachgebauter Wald entstehen: Das Kind steckt kleine Zweige hinein, und vielleicht wächst hier auch ein Zwergenhaus: Nehmen Sie dazu dünne Stöcke und Zweige, stecken Sie diese auf einer Kreislinie in den weichen Boden und führen Sie die Stockenden am oberen Ende zeltförmig zusammen. Verknoten Sie die Enden mit einem Stück Bast oder Bindfaden – fertig ist das Zwergenheim. Natürlich können Sie das ganze Bauwerk noch mit Rinde oder Moosen verkleiden. Wichtel oder Zwerge beleben das phantasievolle Spiel im Miniaturwald.

Und so entsteht ein Zwerg: Nehmen Sie ein kurzes Aststück von etwa fünf Zentimetern Durchmesser. Sägen Sie dieses an einem Ende schräg ab, so daß das Holz an dem abgeschrägten Teil eine ovale Form erhält, und stellen Sie sich mit Ihrem Kind gemeinsam vor, daß hier ein Zwergengesicht entstehen soll. Gestalten Sie den Zwerg möglichst spärlich, damit der natürliche Charakter der Figur erhalten bleibt: zwei Punkte als Augen, ein Bart aus Watte, eine spitze Mütze aus Filz oder entsprechend geformten Blättern. Neben den Zwergengestalten können Sie auch Spieltiere in den Wald stellen.

Baumwurzeln und andere Gesellen

In Baumwurzeln Figuren zu erkennen, dürfte den phantasiebegabten Kindern nicht schwerfallen. Noch lustiger ist es, den Naturmaterialien ein Gesicht zu geben. Wählen Sie Farben, die dem natürlichen Charakter der Objekte entsprechen und sich durch Transparenz auszeichnen. Geeignet sind vor allem Aquarell-, Tempera- oder Pflanzenfarben, denn diese Materialien lassen die ursprüngliche Struktur durchscheinen. Auf diese Weise bekommt eine Baumwurzel womöglich spitze Zähne, ein Stück Rinde wird zu einem Riesen mit Augen und Bart, ein langer Zweig erhält Augen und sieht damit wie eine Schlange aus. So gestaltete Fundsachen aus der Natur können entweder im Zimmer dekoriert oder zu phantasievollen Rollenspielen benutzt werden.

Abseits der Waldwege

Bildbetrachtung
Betrachten Sie die Naturphotos in diesem Kapitel. Lassen Sie das Kind zunächst von sich aus erzählen, was es erkennt. Dann können Sie den kurzen Bildtext ganz langsam und besonnen vorlesen.

Am Ende machen Sie eine Pause. Das Kind kann die Augen schließen und seinen eigenen, inneren Bildern nachhängen. War es schon einmal an einem solchen Ort? Wie sah es dort aus? Was hat es dort gemacht? Wer war dabei?

Schau auf den Wald
Das Licht fällt durch die Bäume.
Kinder spielen fröhlich.
Es riecht nach frischen Blättern.
Hörst du es rascheln?
Irgendwo singt ein Vogel.
Welche Geheimnisse finden wir mitten im Wald:
seltene Wurzeln,
vielleicht eine Hütte,
Moos und Blätter,
eine Quelle …
Bäume stehen wie Riesen dicht nebeneinander …
Schließe die Augen und träume weiter …
Wie sieht dein Wald aus?
Gehe in Gedanken dort spazieren …
Was siehst du?

Die Magie des Wassers

Aus gutem Grund sind am Anfang vieler Meditationskassetten Geräusche von plätscherndem oder rauschendem Wasser zu hören. Ganz gleich, ob es sich nun um einen Bach oder um die Meeresbrandung handelt: Wassergeräusche haben offenbar etwas Beruhigendes. Kinder interessieren solche allgemeinen Betrachtungen natürlich weniger. Sie fühlen sich vom Wasser in jeder Form wie magisch angezogen, wollen Stöcke und Steine hineinwerfen, daß es nur so platscht, und immer wieder waten sie durch Bäche und Pfützen, bis ihnen das Wasser in den Gummistiefeln steht.

Es mag sich simpel anhören, aber ich denke, daß es ein guter Weg ist, sich dem Element Wasser einmal über das Gehör zu nähern, denn normalerweise vergessen wir vor lauter Aktivität im und mit dem Wasser, einfach einmal nichts zu tun und lediglich die Ohren zu spitzen:

Schweige und höre, wie die Quelle aus dem Berge kommt.
Schweige und höre, wie kleine Rinnsale klingen.
Schweige und höre, wie der Bach plätschert.
Schweige und höre, wie der Fluß vor sich hin fließt.
Schweige und höre den gewaltigen Wasserfall.
Schweige und höre, wie das Meer rauscht.
Schweige und höre den ruhigen, stillen See.
Schweige und höre den Regen, wie er auf die Erde fällt.

Wasser hautnah

Nachdem Sie sich auf die Naturgeräusche des Wassers konzentriert und sie bewußt wahrgenommen haben, können Sie auch selbst Wassergeräusche erzeugen:

- Wirf einen Stein ins Wasser oder ein Stück Holz.
- Schöpfe Wasser mit den Händen oder mit einem Gefäß.
- Strample mit den Füßen in der Badewanne oder patsche auf die Oberfläche des Wassers.
- Wie klingt es, wenn zu Hause der Wasserhahn tropft?
- Wie klingt es, wenn Wasser ins Waschbecken oder in die Badewanne läuft?
- Laß verschiedene Gegenstände in die Badewanne plumpsen, und lausche!

Wasser über die Finger rinnen zu lassen oder es mit bloßen Händen bei geschlossenen Augen zu fühlen, ist nicht nur für Kinder ein hautnahes Erlebnis. Ist das Wasser kalt oder warm? Wie ist der Untergrund: schlammig, sandig, steinig? Riecht es frisch, modrig oder gar salzig? Ist es klar, so daß du auf den Grund gucken kannst, oder trübe? Was schwimmt da alles auf der Wasseroberfläche, und was könnte sich tief unten verbergen?

Bei passender Kleidung gibt es kein unpassendes Wetter. Bei entsprechender

Die Magie des Wassers

wasserdichter Ausrüstung gibt es eigentlich auch keinen Grund dafür, Kindern den Umgang mit Wasser zu untersagen, es sei denn, es handelt sich um Sicherheitserwägungen, die dem Schutze des Kindes vor möglichen Unfällen dienen. Manchmal kann man durch eine ganz simple Bemerkung oder Frage die Wahrnehmung der Kinder intensivieren. Die Kunst liegt in der Sparsamkeit unserer Hinweise, liegt in dem Gespür für Situationen und Stimmungen.

> „Seht ihr den Mond dort stehen?
> Er ist nur halb zu sehen.
> Und ist doch rund und schön!
> So sind wohl manche Sachen,
> die wir getrost belachen,
> weil unsre Augen sie nicht sehn."
> (Matthias Claudius)

Beobachten und treiben lassen

Lege ein schönes, buntes Herbstblatt aufs Wasser und schau, wohin es getrieben wird. Verfolge die ruhige oder auch turbulente Fahrt eines Holzstückchens auf einem Teich oder im Lauf eines Baches. Möchtest du dir selber ein Schiffchen bauen, zum Beispiel aus Papier falten, es zu Wasser lassen und es auf die Reise schicken? Wer weiß, ob und wo du es wiederfindest? Oder du bindest es an eine lange Schnur, dann verlierst du es nicht wieder und kannst seine Schwimmversuche im Wasser jetzt wunderbar beobachten.

Die Welle der Atmung

Kannst du dir vorstellen, daß auch deine Atmung kommt und geht wie die Wellen des Meeres? Schau dir Meereswellen an, während du am Strand sitzt oder liegst, und schließe dann die Augen. Lege beide Hände auf deine Bauchdecke und spüre, wie sie sich hebt und senkt. Höre die Meeresbrandung dabei, während du dich ganz in die Welle deiner Atmung hineinfühlst. Lege nun deine Hände auf die Brust oder seitlich an die Rippen. Auch hier spürst du Bewegungen. Nimm die Ruhe und die Kraft des Meeres in dich auf, und laß die Atmung geschehen.

Wassergarten im Zimmer

Ein Zimmerteich ist schnell gebaut. Man braucht dazu nur eine weite Glas- oder Keramikschüssel. Füllen Sie das Gefäß mit Wasser und legen Sie abgefallene Blüten aus dem Garten auf die Wasseroberfläche. Sie können diesen Zimmerteich an einen ruhigen Ort stellen und ihn immer wieder ausdauernd mit den Kindern betrachten.

Wasser in Haus und Garten

Sie brauchen nicht unbedingt ans Meer zu fahren oder einen Bach aufzuspüren, wenn Sie Ihrem Kind Erfahrungen mit dem Element Wasser ermöglichen möchten. Sie können sich Spiele mit Wassermulden und Pfützen direkt in den heimischen Garten holen:
Heben Sie in Ihrem Garten eine kleine Kuhle aus (es reicht schon rund 1 Meter im Durchmesser), legen Sie Teichfolie oder eine große, stabile Mülltüte hinein, befestigen Sie die Folie am Rand mit dicken Steinen, füllen Sie die Vertiefung mit Wasser, und schon ist ein Miniteich entstanden.
Legen Sie ein altes Stück Dachrinne schräg in die Kuhle. Ihre Kinder werden sicher begeistert sein, wenn sie Wasser aus Bechern und Gießkannen in die Rinne schütten und beobachten können, wie es die Schräge hinabrinnt und sich in dem kleinen Teich sammelt.

Der Teich in der Wohnung

Wenn Sie über keinen Garten verfügen und dennoch einen Teich anlegen möchten, in dem Sie mit Ihrem Kind das Wachstum der Pflanzen beobachten können, sollten Sie in einer Glasschüssel einen Wassergarten anlegen. Bedecken Sie zuerst den Boden der Schüssel mit einer vier bis fünf Zentimeter dicken Erdschicht, auf die Sie anschließend Steine legen. Nun füllen Sie Wasser in die Schüssel, bis Steine und Erde bedeckt sind. Jetzt können Sie möglichst kleinwüchsige Wasserpflanzen einsetzen (erkundigen Sie sich in der Zoohandlung oder im Fachmarkt danach). Füllen Sie nun die Schüssel auf, bis die oberen Teile der Pflanzen auf der Wasseroberfläche schwimmen.
Der kleine Zimmerteich braucht viel Licht und auch Wärme, aber keine direkte pralle Sonne. Von Zeit zu Zeit müssen Sie die Wände der Schüssel reinigen, frisches Wasser nachfüllen und die Algen beseitigen.

Die Magie des Wassers

Schau auf das Wasser
Siehst du das Licht?
Das Wasser ist wie ein Spiegel aus Silber.
Es glitzert und funkelt.
Ganz leise rauschen die Wellen.
Hör einmal, wie leise sie rauschen.
Sie kommen und gehen.
Irgendwo schnattert eine Ente.
Am Himmel hängen dicke Wolken.
Schau, wie sie aussehen und welche
Form sie haben.

Die Sonne hat sich versteckt.
Gleich wird sie schlafen gehen.
Das Ufer ist schon ganz dunkel.
Der Abend kommt bald.

Schließe die Augen und träume weiter.
Wie sieht dein Wasser aus?
Gehe an deinem Wasser spazieren.
Ist es ein See?
Oder ein Meer?
Was siehst du?

Sand und Erde

Spiele mit Sand und Erde können Kinder stundenlang beschäftigen. Selbst wenn es lautstark und turbulent zugehen sollte, entspannen sie sich dabei. Die sinnliche Stimulation der Finger und Hände, die Möglichkeit, sich in das Material unmittelbar hineinzugeben, es nach eigenem Willen zu gestalten, schaffen Erfolgserlebnisse und eine tiefe Befriedigung. Wie wäre es übrigens mit einem Sandkasten ohne Spielzeug? Körpernahe Erfahrungen, Stille und konzentrierte Spiele gelingen meist besser, wenn wir das vorgegebene Angebot reduzieren.

Sandmalereien

Eine schöne, naturnahe und stille Erfahrung – besonders am Meer – ist das Malen im Sand: Wenn die Wellen ans Ufer schwappen und die Zeichnungen umspülen, bekommt das Malen etwas „Sinnloses". Das eben Gestaltete wird gleich wieder zerstört. In diesem Spiel können Sie sich in den Rhythmus von Werden und Vergehen einfühlen. Vielleicht zeichnen Sie ein Problem in den Sand, das Sie oder Ihr Kind momentan beschäftigt und belastet. Sie können auch Lösungswege malen. Das Überspülen und Wegschwemmen läßt alles vergänglich erscheinen. So treten Sie zu sich selbst und zu Ihren Problemen in Distanz.

Spiralen

Zurück zum Mittelpunkt: Diese Erfahrung können Sie im Sand besonders gut verwirklichen. Ritzen Sie eine große Spirale auf den sandigen Untergrund. Jetzt kann Ihr Kind versuchen, mit nackten Füßen auf der Kreislinie bis zum Mittelpunkt zu gehen. Andere Mitspieler können folgen. Die Spirale kann aber auch mit Muscheln belegt oder mit aufgeworfenem Sand ausgestaltet werden: Ein besonderes Geduldsspiel besteht darin, zunächst eine Spirale mit einem Stöckchen in den Sand zu ritzen und dann auf die Kreislinien mit Hilfe eines Löffels oder einer Schippe feine Haufen zu streuen, die sich letztlich zu aufgeworfenen, kleinen Mauern entwickeln.

Spurensucher unterwegs

Wir wenden unseren Blick einmal nach unten. Welche Spuren können wir im Sand entdecken? Wer ist wohl hierher gegangen, und wer hat welche Überbleibsel hinterlassen?
Nun eine praktische Spielidee:
Ein Spieler geht durch nassen Sand und hinterläßt seine Fußspuren. Die anderen Mitspieler müssen mit ihren Füßen genau in die vorgezeichneten Fußstapfen treten, möglichst ohne sie zu beschädigen. Ein Spiel, das sehr viel Körperbeherrschung und Konzentration erfordert.

Sand und Erde

Fühle die Erde
Zur stillen Erfahrung gehört auch:
sich ausleben können,
Materialen benutzen zu dürfen,
die Kinder mögen,
sich schmutzig machen,
den eigenen Gefühlen folgen,
Lust erleben,
mit allen Sinnen genießen,
sich selber ganz nahe sein.

Die Welt der Muscheln

Muscheln sind ein vielseitiges und phantasievolles Spielmaterial für Kinder und Erwachsene. Muschelsucher öffnen ihre Augen für kleine Dinge, über die wir sonst achtlos hinweggehen würden. Der Boden unter unseren Füßen ist eine Welt für sich.

Lassen Sie Ihr Kind bei einem Strandspaziergang ganz bewußt Muscheln sammeln, die ihm gefallen. Anschließend kann es seine Schätze auf dem Boden ausleeren. Vielleicht möchte Ihr Kind die Muscheln sortieren – nach Farben oder Formen?

Aus Muscheln kann man Mosaike und Mandalas im Sand gestalten. Kinder, die bereits schreiben können, werden Gefallen daran finden, ihren Namen einmal ganz anders mit den Muscheln zu gestalten. Wie sieht der fertige Namenszug aus? Wählt es Schreibschrift oder Druckbuchstaben? Wie ist die Größe der Schrift ausgefallen? Hat es den Namen ausgeschrieben oder abgekürzt, den Schriftzug verziert? Was verbindet Ihr Kind mit seinem Namen?

Ein Strand in meinem Zimmer

Meeresstimmungen kann man sich auch in die eigenen vier Wände holen. Wer Muscheln und Sand aus dem Urlaub mitgebracht hat, der verarbeitet diese Mitbringsel – aber auch anderes „Strandgut" – am besten in einem plastischen Relief. Als Ersatz kann man auch sauberen Sand aus dem Sandkasten oder Vogelsand wählen.

Nehmen Sie nun einen kleinen Eimer Sand und einen etwa halb so großen Eimer fertig angerührten Tapetenkleister. Dann mischen Sie Sand und Kleister zu einer breiigen Masse und streichen das Gemisch gleichmäßig auf eine dicke Spanplatte oder – noch besser – auf eine bereits fertig gerahmte Pinnwand. Anschließend können Sie gemeinsam mit Ihrem Kind Muscheln, Steine oder anderes Strandgut in den klebrigen Sand drücken.

Nach etwa einer Woche Trockenzeit ist der Sand ganz hart und fest geworden. Vielleicht betrachten Sie in stillen Stunden das Strandbild und erinnern sich an Urlaubserfahrungen und -stimmungen. Es ist übrigens auch sehr angenehm, das Bild immer wieder zu befühlen, um es auf diese Weise ganz in sich aufzunehmen.

Sand und Erde

Schau auf den Strand
Wie angenehm weich ist der Sand.
Viele große und kleine Pfützen überall.
Wie lustvoll kann man hier matschen.
Deine Füße hinterlassen Spuren beim Gehen.
Wenn du dich umdrehst, so siehst du an deinen Fußabdrücken,
wo du gegangen bist.
Der Sand ist weich wie ein Teppich.
Du sinkst beim Gehen ein.
Du findest Muscheln unter deinen Füßen.
Das Meer hat sie an den Strand gespült.
Wenn du die großen Muscheln ans Ohr hältst,
so hörst du vielleicht ein fernes Rauschen.

Schließe die Augen und träume weiter.
Warst du schon einmal an einem Strand?
Wie sah es dort aus?

Orte der Ruhe

Himmel, Wolken und Wind

Der Himmel oder auch Horizont vermittelt ein Gefühl unendlicher Weite. Bizarre Wolkengebilde laden zum Träumen ein. Sie beflügeln die Phantasie des Betrachters, der hinter den Formen und Lichtstimmungen die verschiedensten Gestalten erkennen kann, wenn er seiner Vorstellungskraft freien Lauf läßt. Ein Blick in den Himmel gibt Aufschluß über Wetterlage und Tageszeit, vermittelt eine Vorstellung von der Unendlichkeit des Kosmos, in der wir uns vielleicht ganz klein und verloren vorkommen. Beim Anblick des Himmels können wir auch mulmige Gefühle empfinden. Denn Grenzenlosigkeit macht manchmal Angst. Andererseits verspricht der Himmel ebenso Trost, und der Blick empor ist oft Ausdruck der Suche nach dem Göttlichen. Sehr schnell nähern sich Kinder dann existentiellen Fragen: „Wohnt da oben der liebe Gott?" „Wie kommt der Nikolaus auf die Erde?" „Backen die Engel in der Himmelsküche Plätzchen, wenn der Himmel in der Adventszeit rot gefärbt ist?" „Kriegt ein toter Hund im Himmel Flügel?"

Den Wolken folgen

Legen Sie sich mit Ihrem Kind an einem schönen warmen Tag draußen auf die Erde, ins Gras oder in den Sand, und betrachten Sie gemeinsam den Himmel. Beobachten Sie, welche Formen die Wolken annehmen, und verfolgen Sie ihren Weg. Welche Farbe hat der Himmel? Nehmen Sie sich die Zeit, ganz still zu werden. Auch bei trübem, regnerischem Wetter lohnt sich der Blick nach oben. Besonders im Herbst, wenn sich die Zugvögel auf abgeernteten Feldern oder Telegrafenleitungen sammeln, wenn sie schließlich in schöner Formation am Himmel entlang Richtung Süden ziehen, können Sie ein wunderbares Naturschauspiel beobachten. Vielleicht reisen Sie in Gedanken mit. Vielleicht stellen Sie sich vor, wohin die Zugvögel fliegen und wie es dort wohl aussehen mag.

Wolkenbilder

Wenn Ihr Kind die Wolken ganz intensiv im Freien beobachtet hat, kann es sich diese stimmungsvollen Naturbilder auch in sein eigenes Zimmer holen. Geben Sie Ihrem Kind Watte oder Märchenwolle und versuchen Sie, sich mit ihm gemeinsam an die Naturbeobachtungen zu erinnern. Aus Watte und Märchenwolle kann man sich eigene Wolkengebilde zurechtzupfen. Werden es bauschige, dicke Haufen oder eher kleine Wolken, die an Schäfchen erinnern? Wenn man das Material ganz dünn auseinanderzieht, sehen die Wolken wie Federn aus. Solche Wolken können Sie an die Decke des Kinderzimmers hängen oder auf blauem Karton aufkleben. Beachten Sie aber, daß Kinder eigenständig gestalten wollen. Reden Sie Ihrem Kind nicht in seine Ideen hinein, auch dann nicht, wenn es etwas ganz anderes produziert, als Sie selbst es sich vorgestellt haben.

Nachthimmel

Sternenklare Nächte sind geheimnisumwoben. Was blinkt da am Horizont? Ein UFO? Gibt es so etwas überhaupt? Welcher Stern leuchtet besonders schön? Welche Form hat der Mond heute? Nimmt er zu oder ab? Kannst du dir vorstellen, daß dort einmal Menschen gelandet sind? Einzelne Gruppen von Sternen ergeben ein sogenanntes Sternbild. Soll ich dir einige dieser Bilder zeigen und ihren Namen nennen?

Sonne und Regenbogen

Die Sonne spendet Leben, Wärme und Licht. Bei vielen Naturvölkern und in den frühen Hochkulturen wird sie als göttliches Wesen verehrt. An manchen Tagen scheint sie hell und blaß, zum Beispiel im Winter. Dann wiederum steht sie strahlend gelb und voll Wärme und Kraft am Himmel. Ein Regenbogen entsteht während eines leichten Regenschauers bei Sonnenschein.

Kann sich Ihr Kind die strahlend gelbe, warme Sonne bei geschlossenen Augen vorstellen oder einen Regenbogen? Wenn Sie zu Hause ein Seifenblasenspiel haben, kann es die Seifenblasen fliegen lassen und die Farben des Regenbogens in den bunt schillernden Blasen beobachten. An einem schönen Tag kann sich Ihr Kind selbst einen Regenbogen fabrizieren. Dazu stellt es sich mit dem Rücken gegen die Sonne, sprüht mit einer Wasserflasche etwas Wasser in die Luft und schon leuchten die Farben des Regenbogens. Besonders an trüben Wintertagen, wenn alle Menschen gierig sind nach Sonnenstrahlen und Licht, kann man sich die Sonne mit Hilfe von Wasserfarben auch ins Zimmer holen. Ein Malblatt mit einem Schwämmchen anfeuchten, einen großen, gelben Kreis mit dickem Pinsel aufmalen und anschließend immer neue gelbe oder orangefarbene Kreise bis zum Mittelpunkt malen. Die Farben vermischen sich und ergeben ein sonnenwarmes Aquarell. Lassen Sie Ihr Kind das Bild in aller Ruhe betrachten. Wie wirkt die Farbe Gelb auf seine Gefühle? Wenn das Sonnenbild getrocknet ist, kann es mit Speiseöl eingerieben werden. Schon ist es transparent. An tristen Wintertagen kann das Bild an die Scheibe eines Fensters geklebt werden und an einen Sonnentag erinnern.

Das Spiel des Windes

Sich den Wind im wahrsten Sinne des Wortes um die Nase wehen zu lassen, kann für Kinder zu einer intensiven Erfahrung werden. Sicher ist es wichtig, sich vor Wind zu schützen. Dennoch sollten Sie Ihr Kind ruhig einmal dem Wind aussetzen. Kinder können einen langen Schal in den Wind halten und auf diese Weise beobachten, wie der Wind, ein launischer und verspielter Geselle, seinen Schabernack mit ihnen treibt.

Wie herrlich ist das Gefühl, ein Vogel zu sein? Flügel wachsen wie von Zauberhand, wenn man sich federleichte Tücher an die Arme bindet und den Wind damit spielen läßt.

Bewegen Sie sich doch einmal gemeinsam im Wind oder mit dem Wind. Nutzen Sie die Kraft des Windes. Bewegen Sie sich auch gegen den Wind, und spüren Sie, welche Kraft nötig ist, um sich jetzt noch fortbewegen zu können.

Schließen Sie die Augen und lauschen Sie. Kann man den Wind jetzt hören?

Binden Sie bunte Papierstreifen an Stöcke, und laufen Sie mit dem Wind um die Wette. An den Stock kann auch eine Tüte gebunden werden, die unten aufgeschnitten wird, so daß der Wind hineinblasen kann.

Himmel, Wolken und Wind

Schau auf den Himmel
Der Himmel ist endlos weit.
Wolken ziehen vorbei.
Sie haben drollige Gesichter.
Vögel drehen ihre Runden.
Hier sind sie zu Hause …
Was kann alles fliegen?
Ein Flugzeug?
Ein Luftballon?
Ein Blatt im Wind?
Ein Drache macht sein Tänzchen.

Er schwebt wie ein großer Vogel dort droben am Himmel.
Ganz ruhig steigt er auf, steht eine Weile still,
und dann tanzt er auf der Welle des Windes weiter und weiter.

Schließe die Augen und träume.
Wie sieht dein Himmel aus? Schau dir die Wolken an. Was fliegt vorbei?
Spürst du den Wind auf deiner Haut?

Orte der Ruhe

Berge und Steine

Steine können uns Stille und Kraft geben. Manchen Edelsteinen wird auch Heilkraft zugeschrieben. Sammeln Sie mit Ihren Kindern die unterschiedlichsten Steine in der Natur. Gehen Sie mit offenen Augen durch die Welt. Jeder Stein erzählt eine ganz eigene Geschichte, die oft Jahrtausende alt ist. Edelsteine sind übrigens nicht unbedingt ein teures Vergnügen. Man kann kleinere und vielleicht nicht ganz so hochwertige Edelsteine heute recht günstig kaufen.

Bergkristalle betrachten

Bergkristalle sind richtige „Kindersteine". In ihrer reinsten Form sind sie farblos und wasserklar. Kristalle lieben Licht und Wasser. Reinigen Sie die Steine zunächst unter fließendem Wasser oder legen Sie die Kristalle in Wasser mit Meersalz. Anschließend werden die Steine mit einem weichen Tuch poliert und in die Sonne gelegt. Wasser und Licht geben den Steinen neue Energie.

Wenn Ihr Kind den Kristall ans Licht der Sonne oder auch in den Lichtschein einer Lampe oder Kerze hält, kann es das Lichtspiel im Stein beobachten. Welche Farben kann es erkennen?

Steine in meiner Hand

Lassen Sie Ihr Kind einen Stein aussuchen. Vielleicht hebt es ihn an einem besonderen Ort auf oder trägt ihn einfach in der Tasche bei sich. Manche Steine sind richtige „Handschmeichler"; sie vermitteln Kraft und Sicherheit. Wenn Ihr Kind eine kleine Steinsammlung hat – bestehend aus ganz einfachen „Alltagssteinen" (wie Kiesel) und besonderen „Edelsteinen" (wie Bergkristall, Achat, Glimmerstein, Pyrit, Bernstein, Rosenquarz ...) –, dann sollte es die Möglichkeit haben, seine Schätze ab und zu zum Spielen hervorzuholen:

- Ihr Kind kann die Steine einzeln oder in Gruppen auf die Hand legen, mal auf die Innen-, mal auf die Außenfläche, oder einen Stein von einer Hand in die andere geben.
- Wenn mehrere Kinder gemeinsam spielen, werden die Steine stumm von einem Kind zum anderen gereicht.
- Steine werden lebendig, wenn man mit ihnen zu bauen beginnt: Sie passen gut zu anderen Materialien, die Sie gemeinsam mit Ihrem Kind in der Natur sammeln können. Stellen Sie ein Körbchen mit Natursteinen zu anderen Bausachen im Kinderzimmer.
- Steine sind schöne Geschenke, beispielsweise zum Advent. Statt ein Türchen zu öffnen, kann Ihr Kind jeden Tag einen Stein aus einem Säckchen auspacken. Mal ist es ein einfacher Kiesel, mal ein besonders schöner, leuchtender Edelstein.

Berge und Steine

Schau auf die Berge
Sie berühren fast den blauen Himmel.
Wolken, wie Federn, schweben über den Spitzen.
Der Schnee ist ein großes, weißes Tuch.
Er bedeckt die grauen Steine.
Sieh, wie leuchtend weiß das Schneefeld strahlt!
Von den Bergen blickst du ins Tal.
Du bist dem Himmel ganz nah.

Die Luft ist klar und frisch.
Dicke Felsbrocken liegen überall herum.
Du kannst sie berühren.
Du findest viele Steine zum Sammeln,
seltene Schätze des Berges.

Schließe die Augen und träume weiter.
Warst du schon einmal in den Bergen?
Wie sieht es dort aus? Gehe in Gedanken spazieren. Was siehst du?

Orte der Ruhe

Kuschelhöhlen zu Hause

Der vierjährige Dominik hat den ganzen Nachmittag über in seinem Zimmer herumgetobt. Jetzt legt er sich plötzlich auf den Boden, streckt alle Viere von sich und schaut verträumt an die Decke. „Was ist los?" fragt die Mutter. „Ich will kuscheln", antwortet Dominik. Und er fügt ganz leise und bedeutungsvoll hinzu: „Sollen wir uns eine Kuschelhöhle bauen?" Daraufhin trägt er ganz selbstverständlich Kissen, Matten und Decken aus der Wohnung zusammen und gestaltet daraus ein gemütliches Häuschen. „Komm, Mama, du darfst auch zu mir rein", sagt Dominik. Mutter und Kind unterhalten sich ganz leise, erzählen kleine Erlebnisse und Geschichten vom Tage, trinken einen Tee im Halbdunkel der Höhle. So vergeht eine ganze Stunde. „Psst, sei ganz still", sagt Dominik plötzlich. „Gleich kommt der Papa; mal sehen, ob er uns hier findet."

Diese und ähnliche Erfahrungen kennen viele von uns aus der eigenen Kindheit. Selbstgebaute Buden und Höhlen stehen für das Bedürfnis nach Ruhe und Rückzug und sind der Hüter so mancher Geheimnisse und Verschwörungen. Es ist deshalb wünschenswert, ein Kinderzimmer mit solchen und ähnlichen Baumaterialien für Buden und Höhlen auszustatten.

Meine Traumstation

Befestigen Sie an der Zimmerdecke lange Schals aus Gardinenstoff, Tüll oder weißen Bettlaken. Ideal sind auch sogenannte „Moskitonetze", die fast wie ein Zeltdach wirken und durch das hauchzarte, fließende Material schon fast zu einer Traumreise einladen. Legen Sie weiche Matten und Kissen auf den Boden der Traumstation. Durchstöbern Sie Ihre Vorratsecken nach ausgedientem Weihnachtsschmuck: Womöglich finden Sie einen besonders schönen Stern, einen Mond oder gläserne Kugeln, die Sie von der Decke der Traumstation herabbaumeln lassen. Wenn Sie selbst ein wenig Zeit und Muße haben, dann können Sie auch aus Watte oder Märchenwolle eine kleine Wolke zupfen, die an einem fast unsichtbaren Faden am Himmel der Traumstation schwebt und von Luftbewegungen im Zimmer bewegt wird. Mögen Sie und Ihre Kinder dezente Lichtspiele und glitzernde Effekte? Dann legen Sie doch auf das Dach der Traumstation eine Lichterkette mit vielen kleinen Birnen, die besonders zur Abendstunde den Raum in eine zauberhafte Stimmung tauchen.

Wichtig ist, daß Sie die Traumstation nicht durch zuviel Dekoration überladen. Die Gegenstände sollen Kinder einladen, genau zu beobachten, während sie sich gemütlich in den Kissen erholen.

Gibt es in Ihrer Traumstation auch eine geheimnisvolle Ecke für besondere Schätze? Ein besonderes Kästchen? Hier können Gegenstände aufbewahrt werden, die dem Kind am Herzen liegen, die es vielleicht in stillen Stunden befühlen und betrachten möchte wie einen seltenen Stein oder eine schöne Muschel. Betreten Sie die Traumstation mit einem bestimmten Ritual. Es könnte eine kleine Spieluhr aufgezogen werden. Auch werden Sie vielleicht wie in einer Kirche leise sprechen. Die Traumstation ist ein idealer Ort des Schweigens, der genaue Gegenpol zur Außenwelt mit ihrer Lärmkulisse. Einigen Kindern wird die Stille zunächst ungewöhnlich vorkommen. Sie werden anfangen, wie gewohnt zu erzählen. Doch mit der Zeit werden sie sich an die ruhige Atmosphäre gewöhnen und fähig werden, Stille zuzulassen.

Manchmal möchte ein Kind allerdings nicht schweigen, sondern in einer ruhigen Atmosphäre über Erlebnisse sprechen, die es bewegen. Auch dieses Bedürfnis hat einen sehr hohen Stellenwert. Denn gerade, wenn es außen still wird, kommen tief aus der Seele Probleme hoch, die das Kind gerne mitteilen möchte. Natürlich ist dieser Ruhebereich nicht nur eine Zone, die Eltern und Kinder gemeinsam nutzen. Oft will das Kind auch allein sein. Dieser Wunsch ist sehr wichtig und entspricht dem Bedürfnis, sich abzugrenzen. Und manchmal ziehen sich Kinder auch gemeinsam mit ihren besten Freunden zurück. Auch hier haben Erwachsene meist keinen Zutritt.

Meine Meditationsecke

Ein Ort der Ruhe und Kraft ist übrigens auch eine kleine Meditationsecke. In dieser Ecke gibt es zum Beispiel ein Sitzkissen, mehrere kleine Kissen und besondere Gegenstände, die Sie zur Besinnung brauchen. Wenn Sie Yoga praktizieren und eine Matte an einem festen Platz liegen haben, können Sie die Meditationsecke dort ansiedeln.
Auf einem Tischchen liegt vielleicht ein Seidentuch. Auch ein Bild der Heiligen Familie entspricht der kindlichen Auffassungswelt. Der Platz kann mit Blumen, einer Feder oder einem Edelstein geschmückt werden. Ein besonders schönes Mandala kann Ruhe vermitteln.

Meine Sinnesecke

Wenn sich Ihr Kind zu Sinnesspielen zurückziehen möchte, ist es gut zu wissen, an welchem Ort im Haus sich solche Materialien befinden.
In einer gemütlichen Ecke im Zimmer liegt etwa ein großes Kuschelkissen. Daneben befindet sich ein Fühlsack. In einem Schuhkarton stehen Tastsäckchen, in einem anderen Geräuschdosen und Riechfläschchen. In einer Nische steht ein riesiger Pappkarton, der mit einem Fell ausgestattet ist. In den Karton können Sie Löcher schneiden, daß spärliches Licht einfällt. Vielleicht legen Sie auf diese Öffnungen farbige Transparente. Schon liegt das Kind in einer roten, gelben oder blauen Stimmung.

3 Rhythmus und Rituale schenken uns Ruhe und Kraft

Rituale im Alltag

Die fünfjährige Mareike schmollt: Der Vater hat ihr gerade als Gute-Nacht-Geschichte das Märchen vom Froschkönig erzählt, und ausgerechnet heute ließ er am Schluß eine wichtige Textstelle aus. „Nein", jammert Mareike. „Das ist falsch! Du hast das Märchen falsch erzählt!" „Du hast ja recht", sagt der Vater, „aber schlaf jetzt bitte. Es ist spät." „Ich kann nicht einschlafen", beschwert sich Mareike. „Wir haben noch nicht gebetet. Wir beten doch jeden Abend nach der Gute-Nacht-Geschichte, und dann wird erst das Licht ausgemacht."

Zu verständlich, daß der übermüdete Vater in unserem Beispiel heute einmal das vertraute Gute-Nacht-Ritual abkürzen wollte, denn Erwachsene haben doch wohl auch ihre berechtigten Bedürfnisse, und Gewohnheiten sollten schließlich nicht zu Zwängen entarten. Dennoch verdeutlicht das Beispiel eines: **Kinder brauchen rhythmisch wiederkehrende, verläßliche und damit sinngebende Abläufe.** Solche lieben Gewohnheiten schaffen ordnende Strukturen in einem manchmal unübersichtlich gewordenen Alltag, geben Orientierungshilfe, Sicherheit und Geborgenheit. Später, im Erwachsenenleben, erinnert man sich vielleicht gern noch einmal an den Klang von Vaters Stimme, wenn er abends Märchen vorlas, oder an den würzigen Duft des Sonntagsbratens, den Mutter immer am Samstag abend in der Röhre brutzeln ließ. Vielleicht erinnert man sich auch an den Klang eines Glöckchens, das am Heiligen Abend die Bescherung einläutete, oder an die Geburtstagstorte, die bis in die Teenagerzeit hinein immer mit Schokoladenguß überzogen und mit bunten Perlen verziert war.

Leider leben wir heute in einer Zeit, in der solche Regelmäßigkeiten unpopulär geworden sind. Wir kennen Worte wie „in" und „out" oder sogar „mega-out" als Steigerungsform. Der Begriff „neu" wird zu einer magischen Formel. Dagegen schaffen Rituale etwas Beständiges. Sie werden nach feststehenden Regeln vollzogen, die oftmals über einen längeren Zeitraum gleichbleiben. Wenn sie allerdings mit der Zeit sinnentleert sind, weil sich möglicherweise die Bedürfnisse geändert haben, sollte man die Kreativität besitzen, sie umzugestalten.

Rituale im Alltag

Der Tag beginnt

„Kann ich endlich ins Bad", brüllt Tom. „Ich verpasse sonst meinen Bus!" „Es geht nicht schneller", schreit der Vater zurück. „Wenn ich mich jetzt nicht beeile, komme ich zu spät ins Büro!" Auch die Mutter hat es eilig. Den schreienden Säugling auf dem Arm, der noch gewickelt werden soll, klopft sie an die Tür. Kurze Zeit später kommt Sven hinzu. Natürlich will er wie alle anderen ebenfalls ins Bad. Keines der Kinder ist angezogen, und noch niemand hat gefrühstückt.

In vielen Familien beginnt der Tag bereits in großer Hektik. Zugegeben, es wäre illusorisch zu glauben, solche Art von Terminstreß wäre völlig vermeidbar. Dennoch ist es zu einfach, resigniert festzustellen, daß wir alle nur Opfer äußerer Vorgaben sind. Bewußtes Leben setzt voraus, daß wir unsere festgefahrenen Gewohnheiten einfach einmal überdenken. Gibt es nicht auch Möglichkeiten, den Tag mit mehr Ruhe, vielleicht sogar mit einem Morgenritual zu beginnen? Gerade der Start in den Tag ist sehr wichtig, denn die Gedanken und Einstellungen, die wir am Morgen in unserem Bewußtsein haben, nehmen wir mit in den Alltag.

Morgenrituale

❍ Eine ganz simple Möglichkeit, morgendliche Turbulenzen zu vermeiden, ist das frühere Aufstehen. Unzumutbar, wenn man noch den Spätkrimi gesehen hat? Aber es wäre zu überlegen, ob der Spätkrimi mitten in der Woche wirklich sein muß. Möglicherweise fällt einigen Familienmitgliedern das frühe Aufstehen nicht so schwer wie dem Rest. Diese Mitglieder könnten doch den Anfang machen: das Bad zuerst benutzen, vielleicht sogar für die anderen den Tisch decken.
❍ Das schönste und wichtigste Morgenritual ist das gemeinsame Frühstück, selbst wenn es sich nur um einen kurzen Stehkaffee handeln sollte. Manchmal reichen zehn Minuten, um den Tag zu besprechen.
❍ Läßt sich in der Woche das gemeinsame Frühstück nicht verwirklichen, so ist das Wochenende eine gute Möglichkeit, dies ausgiebig nachzuholen. Bei dieser Gelegenheit kann man die Woche rückblickend betrachten und auch die nächste planen.
❍ Auch der Abschied ist wichtig. Es ist nicht schön, einfach aus dem Haus zu stürzen, ohne wenigstens ein „Tschüs" zu rufen. Selbst der Abschiedskuß kann sich zu einem wichtigen Morgenritual entwickeln.
❍ Kann ich den Tag unter ein Motto stellen? Gibt es einen Morgenspruch? Kann ich den Tag mit Humor, mit einer Bemerkung beginnen, die alle erheitert?

Es wird Mittag

Gemeinsame Mahlzeiten könnten Oasen der Ruhe und der Gemeinschaft sein. Wohlgemerkt: könnten. Denn ein Blick in den Familienalltag verrät, daß gerade zu Zeiten, in denen die Familie beim gemeinsamen Mahl versammelt ist, Konflikte nur so brodeln. Die Probleme gehen vom Mäkeln („Iiiih, schon wieder Spinat!") über schlechte Tischmanieren, Unregelmäßigkeiten wie Zuspätkommen oder Gar-nicht-Erscheinen bis hin zu lautstarken Streitgesprächen, die allen Beteiligten auf den Magen schlagen. Um solch unnötigen Streß zu vermeiden, könnte die Familie feste Regeln vereinbaren, die natürlich, je nach Bedürfnislage, auch wieder verändert werden sollten.

Stellen Sie sich nun Ihre eigene Familie vor: Könnten Sie solche oder ähnliche Regeln für sich und Ihre Kinder akzeptieren? Oder würden Sie andere Regeln vorschlagen? Wie würden Ihre Regeln lauten? Schreiben Sie diese doch einmal auf ein Blatt Papier! Was würde der Rest der Familie zu diesen Regeln sagen? Sprechen Sie mit den anderen darüber und probieren Sie die Regeln in der Praxis aus. Möglicherweise sind beide Eltern berufstätig, so daß es während der Woche gar keine oder nur wenige gemeinsame Mahlzeiten gibt. Vielleicht muß man sich, weil

Mittagsrituale und Regeln

- Wir besprechen schwerwiegende Probleme nicht beim Essen, sondern einigen uns für die Aussprache auf einen anderen Termin.
- Vorschnelle Kritik – „Das riecht ja eklig. Soll ich das etwa essen?" – wirkt verletzend. Eine Regel sollte deshalb lauten: Auch ungeliebte Speisen wenigstens probieren. Man kann sich ja wenig nehmen und dafür nach dem Essen noch eine Banane oder einen Apfel holen.
- Auch sollte versucht werden, wenigstens grundlegende Tischmanieren zu beachten, selbst wenn solche Regeln heute zunehmend negativ besetzt sind und vielerorts als genußfeindlich angesehen werden.
- Wir bemühen uns, möglichst die Mahlzeiten einzuhalten. Wer verhindert ist, meldet sich vorher ab.
- Es gibt einen bestimmten Eßplatz. An diesem Eßplatz findet sich die Familie ein. Dabei sollten Sie beim Essen auf ablenkende Tätigkeiten wie Fernsehen, Lesen, Spielen am Tisch verzichten.
- Beginnen Sie die Mahlzeit mit einem Spruch oder Gebet.

Rituale im Alltag

es nicht anders geht, mit Tiefkühltruhe, Konservendose, Mikrowelle oder einem Fast-Food-Restaurant begnügen. Eventuell essen die Kinder auch in einer Kindertagesstätte oder bei einer Tagesmutter. Auch in solchen Familiensituationen besteht die Möglichkeit, wenigstens am Wochenende oder im Urlaub gemeinsame Mahlzeiten zu genießen.

Mittagsruhe oder Mittagsschlaf

Kein Mensch kann den ganzen Tag über gleichbleibend in Hochform sein und ohne Befindlichkeitsschwankungen immer gut funktionieren. Nicht umsonst haben wir einen „Biorhythmus", wie es vielerorts heißt, oder eine „Leistungskurve". Zur Mittagszeit gibt es häufig einen Knick; wir fühlen uns leicht müde und erholungsbedürftig.

Diesem Bedürfnis, das Eltern und Kinder überfällt, können wir mit einem Mittagsritual gerecht werden.

Haben Sie selbst zur Mittagszeit öfter das Bedürfnis, sich ausruhen zu müssen, vielleicht nur für eine halbe Stunde, so vereinbaren Sie mit Ihren Kindern doch einfach folgendes Ritual: Ziehen Sie sich zurück und erklären Sie den Kindern, daß Sie für rund eine halbe Stunde nicht gestört werden möchten. Vielleicht sagen Sie Ihnen einfach: „Bleibt bitte in Eurem Zimmer. Ihr könnt selbst schlafen, aber auch leise spielen, lesen oder malen. In einer halben Stunde treffen wir uns wieder."

Kinder sind sehr lernfähig, und wenn Sie ihnen klarmachen, daß Sie ihnen etwas zutrauen, so werden diese Ruhezonen nach einer Eingewöhnungsphase auch gelingen.

Da Kinder zunächst keinen rechten Zeitbegriff haben, denken sie womöglich, diese Ruhepause würde ewig währen. Älteren Kindern könnten Sie das Ende der Ruhephase auf einer Uhr markieren. Es kann auch sehr wirksam sein, das ruhige Warten zu belohnen, indem Sie versprechen, nach der Pause gemeinsam mit den Kindern etwas zu spielen.

Immer wieder beobachten Eltern, daß Kinder um die Mittagszeit körperlich und geistig so erschöpft sind, daß sie eigentlich auf der Stelle in tiefen Schlaf sinken müßten, doch aus vielerlei Gründen lassen sie sich einfach nicht zu dem erholsamen Mittagsschlaf überreden. Manchmal hilft hier ein besonderes Ruheritual. Suchen Sie doch gemeinsam mit dem Kind eine Kuschelhöhle oder Traumstation auf, oder setzen oder legen Sie sich mit ihm in einen bequemen Sessel oder auf ein Sofa.

> **Tip**
>
> Durch folgende Rituale kommen viele Kinder zur Ruhe:
> - Gemeinsam ein meditatives Bild betrachten
> - Rätsel lösen
> - Beruhigende Verse vorlesen
> - Ein Lied summen oder meditative Musik hören
> - Eine Phantasiereise anregen

Es ist übrigens sehr zu begrüßen, wenn Kinder mit ihren eigenen Worten Wünsche nach Ruhe und Entspannung ausdrücken können.

Der Tag geht zu Ende

Wenn der Tag zur Neige geht, zieht in vielen Familien endlich Ruhe ein. Sollte dies trotz allem schwierig sein, weil die Hektik des Tages einfach nicht aufhören will, so können liebevolle Abend- und Gute-Nacht-Rituale den Ausklang des Tages begleiten und den Übergang zum Schlaf erleichtern.

> **Tip**
>
> Gute-Nacht-Rituale sollen:
> - möglichst über einen längeren Zeitraum gleich bleiben
> - von den Inhalten her beruhigend und entspannend wirken
> - nicht unnötig in die Länge gezogen werden
> - von Konsequenz begleitet sein

Die naturgegebene Fähigkeit des Menschen, nach einem anstrengenden, erlebnisreichen Tag in erholsamen Schlaf zu sinken, ist sehr störanfällig geworden. Auf die vielfältigen Ursachen kann ich hier nicht näher eingehen. Ich möchte jedoch betonen, daß Einschlafprobleme bei Kindern oft auch mit einer Störung des natürlichen, rhythmischen Lebens, zum Teil auch mit falsch verstandener Fürsorge und fehlender Konsequenz seitens der Eltern einhergehen.

Es gibt viele verschiedene Möglichkeiten für Einschlafrituale. Sie reichen von der altbewährten Gute-Nacht-Geschichte über Phantasiereisen und Autogenes Training bis hin zu einem Lied oder Puppenspiel.

Meinem vierjährigen Sohn habe ich über einen Zeitraum von vierzehn Tagen immer die gleichen Gute-Nacht-Geschichten vorgelesen. Sie waren aus Astrid Lindgrens Buch „Michel aus Lönneberga". Michel stellte eine gute Identifikationsfigur dar, denn er machte, ähnlich wie mein Sohn, den ganzen Tag über einen Unfug nach dem anderen. Somit waren die Geschichten eine gute Möglichkeit, Probleme zu verarbeiten. Deshalb verlangte mein Sohn wohl auch jeden Abend nach einer neuen „Michel-Geschichte". Nach vierzehn Tagen, als die Auseinandersetzung abgeschlossen war, rief er eines Abends plötzlich: „Nun will ich keine Michel-Geschichte mehr hören!"

Rückschau halten

Stille Abendstunden bieten eine gute Gelegenheit, einmal Rückschau auf den Tag zu halten. Man könnte natürlich sagen: „Warum soll ich mich zurückbesinnen; ich bin froh, daß der Tag endlich vorbei ist." Doch wenn wir nicht funktionieren wollen wie ein Automat, wenn wir uns nicht passiv unserem Schicksal überlassen, sondern aktiv an der Gestaltung unseres Lebens arbeiten wollen, dann ist es wichtig, daß wir unsere Lebenssituation ganz bewußt wahrnehmen. Denn aus diesem Bewußtsein heraus können wir erst erkennen, in welche Richtung wir gehen wollen und welche Schritte dazu notwendig sind.

Rituale im Alltag

Gemeinsam zurückblicken

Kleinen Kindern fällt die Tagesrückschau meist schwer, weil sie noch sehr im Augenblick leben und den Tagesablauf in seiner Gesamtheit kaum nachvollziehen können. Sie brauchen die Unterstützung der Erwachsenen, wenn es darum geht, sich auf Vergangenes zu besinnen. So wandte sich ein kleines Mädchen, das gefragt wurde, was es denn den Tag über gemacht habe, hilfesuchend an seine Mutter: „Mama, was habe ich denn heute gemacht?" Die Mutter nannte dem Mädchen rasch ein paar Stichwörter, und schon konnte es sich zurückerinnern und einzelne Erlebnisse waren wieder präsent. Tagesrückschau kann man auch in Gebete einbeziehen: „Lieber Gott, heute bin ich auf meinen Zahn gefallen. Das hat geblutet. Hoffentlich wächst der Zahn wieder fest."

Sie können für die Tagesrückschau auch eine kleine Fingerpuppe zur Hilfe nehmen, die jeden Abend auftaucht. Dabei ist großes Einfühlungsvermögen notwendig. Mißbrauchen Sie diese Puppe nicht, um Ihr Kind moralisch durch die Hintertür für Fehlverhalten am Tage zur Rede zu stellen!

Freizeitrituale wider den Freizeitstreß

Manchmal ist die Woche so vollgepackt, daß Muße ein Fremdwort zu sein scheint. Wenn es im Alltag zu wenig freie Zeit gibt, so bleibt für die Stunden der Muße und liebevollen Rituale immer noch die Freizeit. Hier sind der Phantasie keine Grenzen gesetzt. Möglichkeiten für Freizeitrituale wären:

○ Ein Tag mit Papi ganz allein
○ Unser Backabend
○ Unser Lesenachmittag
○ Unser Spielenachmittag
○ Heut ist „Omi-Tag"
○ Samstags gehen wir auf den Markt
○ Unser Sonntagsfrühstück
○ Unser „Gammeltag"
○ Ein Urlaubstag für Mama

Diese besonderen Freizeitrituale, die den Kindern bekannt sind und die immer wiederkehren, sollten nicht im Freizeitstreß untergehen. Sie sind ein besonderer Tagesordnungspunkt, der sich wohltuend von den Alltäglichkeiten absetzt. Freizeitrituale müssen sich herausheben. Auf sie muß man sich freuen können. Sie sollen langsam und mit Bewußtsein geradezu „zelebriert" werden.

Die Jahreszeiten – Leben im Rhythmus der Natur

Beim Lauf der Erde um die Sonne entstehen die Jahreszeiten: Es vollzieht sich ein lebendiges Wechselspiel von Blühen, Reifen, Ernten und Vergehen, und schließlich kommt immer wieder ein hoffnungsvoller Neubeginn.

In unserer heutigen Zeit verwischen sich die Jahreszeiten jedoch immer mehr, so daß vielfach keine klaren Unterscheidungsmerkmale mehr gegeben sind. Somit haben viele Kinder nur noch vage Vorstellungen von der jeweiligen Jahreszeit. Erdbeeren bekommt man keineswegs nur zur Erdbeerzeit, sondern man kann sie auch unter dem Weihnachtsbaum essen. Der tristen Winterdepression entflieht man mit einem Flugticket zu den Inseln des ewigen Frühlings. Gleich nach den Sommerferien posieren schon die ersten Nikoläuse in den Schaufenstern.

„Gut", könnte man hier sagen. „Endlich sind wir unabhängig und können unsere Bedürfnisse ohne Rücksicht auf natürliche Rhythmen befriedigen." Aber leider wird es für viele Menschen auch zunehmend unvorstellbar, auf etwas zu warten. Der Mensch wird zum ewigen Säugling, permanent bereit, den Mund aufzusperren. Aber ist nicht gerade die Vorfreude manchmal viel schöner als die schnelle Befriedigung des Wunsches? **Wenn keine natürlichen, ordnenden Strukturen mehr zu erkennen sind, ist mit einem Verlust der äußeren Ordnung oft auch ein Verlust der inneren Ordnung verbunden.** Wir selbst vergessen zu oft, daß wir ein Teil der Natur sind. Mit der Verdrängung des Natürlichen und seiner Gesetzmäßigkeiten wollen wir auch unsere eigenen inneren Gesetze verdrängen: vielleicht die eigene Furcht vor dem Fluß der Zeit, vor der Vergänglichkeit.

Mein Baum des Lebens

Der Jahreszeitenbaum im Kinderzimmer ist eine gute Möglichkeit, Jahreszeiten direkt ins Haus zu holen und den Kindern ins Bewußtsein zu bringen.

Dazu sind ein langes Stück Rinde, einige kleine Zweige und Blätter nötig. Die Rinde stellt den Stamm dar. Sie wird mit Holzleim auf ein dickes Stück Pappe oder Sperrholz geklebt.

An das obere Ende dieses Stammes werden die kleinen Zweige festgeleimt. Es dauert einen Tag, bis die Zweige fest sind. Der Baum kann aufgehängt und nach der jeweiligen Jahreszeit ausgestaltet werden. Im Frühling erhält er frische Blüten, später grüne Blätter, dann Früchte und am Ende des Jahres bunte Herbstblätter. Im Winter ist er kahl. Watte oder weiße Märchenwolle auf den Ästen sorgen dafür, daß der Jahreszeitenbaum so richtig verschneit aussieht.

Selbst wenn einmal etwas vom Baum herunterpurzeln sollte, so ist dies doch ganz wie in der Natur, oder?

Die Jahreszeiten

Mein Jahreszeitentisch

Für den Jahreszeitentisch braucht Ihr Kind ein Tischchen, das es an eine helle Ecke im Zimmer stellt. Auf den Tisch kommt noch eine Decke oder ein Tuch. Nun kann er entsprechend der Jahreszeit geschmückt werden:

Frühling
Farbe: Gelb, helles Grün, Rosa
Feste: Ostern, Himmelfahrt, Pfingsten
Besonderheiten: Die Tage werden länger, die Natur erwacht.
Gestaltungsvorschläge: Baumwurzeln, Weidenkätzchen, blühende Zweige ...
Zu Ostern: Henne, Küken, Hasen, Eier, Tulpen, Narzissen
Zu Himmelfahrt und Pfingsten: weiße Pfingsttauben aus Papier, Pfingstrosen

Sommer
Farbe: leuchtendes Gelb und Grün
Feste: Johanni (21. Juni), Maria Himmelfahrt, Sommerfeste
Besonderheiten: Die Sonnenbahn hat ihren Höhepunkt erreicht. Die Natur ist zur vollen Entfaltung gekommen. Sie zeigt uns jedoch schon den Weg in den bevorstehenden Herbst. Früchte werden geerntet. Die Tage werden kürzer.
Gestaltungsvorschläge: Blumen, Vögel, Muscheln. Zur Erntezeit: Feldfrüchte ...

Herbst
Farbe: Dunkelrot, Braun, Ocker
Feste: Michaeli (29. September), Erntedank, St. Martin
Besonderheiten: Nun sind Tage und Nächte wieder gleich lang, das Absterben der Natur kündigt sich an. Das Michaelfest soll unsere Kräfte stärken und Mut machen, uns dem Abbau der Natur, die dem Scheine nach stirbt, zu stellen. Symbolisch finden wir dieses Kräftespiel im Kampf zwischen dem Erzengel Michael und dem Drachen.
Gestaltungsvorschläge: Kürbisse, Kastanien, Tannenzapfen, Blätter, Baumwurzeln, Trockenblumenstrauß, Drachen

Winter
Farbe: Grau, Blau, auch Weiß
Feste: Advent, Nikolaus, St. Barbara, Weihnachten, Dreikönigstag
Besonderheiten: Die Nächte werden zunehmend länger. Kurz vor Weihnachten haben wir die längste Nacht des Jahres.
Gestaltungsvorschläge: Tannengrün, Kerzen, Krippenfiguren, Moose, Zauberwolle oder Watte als Schnee, Kristalle.
An St. Barbara können Zweige von Apfel- oder Birnbäumen geschnitten und in eine Vase mit Wasser gestellt werden. An Weihnachten beginnen sie zu blühen. Kleine Kinder schmücken den Jahreszeitentisch zusätzlich noch mit Zwergen, Wurzelmännchen oder Holztieren.

Meditative Betrachtung

Mehrmals am Tag gehen wir an dem Jahreszeitentisch vorbei. Wir können ihn umgestalten, wenn wir dies möchten. Wir nehmen die Jahreszeit in uns auf, mit allen Sinnen. Wir können ein Lied singen, das zu der jeweiligen Jahreszeit paßt.

4 Mit allen Sinnen zur inneren Harmonie

Amerikanische Wissenschaftler führten im Zusammenhang mit Versuchen über Weltraumforschung folgendes Experiment durch: Man setzte Versuchspersonen einem Raum aus, in dem es keinerlei Außenreize gab – kein Licht, absolute Stille, keine Hautempfindungen, keinerlei Erschütterungen oder Bewegungen. Man wollte herausfinden, wie die Organe des Menschen reagieren, wenn sie durch äußere Reize nicht beansprucht werden. Schon nach kurzer Zeit mußte der Versuch abgebrochen werden, da die Testpersonen erschreckende Halluzinationen entwickelten, sich nicht mehr orientieren konnten und körperliche Schäden zu befürchten waren.

Dieser Versuch zeigt: Der Mensch braucht Stimulation durch sinnliche Wahrnehmung. Die Sinne sind wie ein Fenster, ein Mittler zwischen Außen und Innen. **Besonders Kinder lernen über Wahrnehmung und Bewegung. Sie wollen sehen, riechen, schmecken, fühlen, hören und sich bewegen. Das Greifen wird zum Be-Greifen.** Durch das praktische Tun können sich innere Bilder aufbauen.

Ich sehe nicht alles so, wie du es siehst

Sprechen Sie den Titel des alten Kinderspiels doch einmal ganz bewußt aus: Ich sehe etwas, was du nicht siehst. Darin steckt auch: Ich nehme etwas wahr, das dir verborgen bleibt. Oder: Ich sehe etwas ganz anders, als du es siehst. In der Yoga-Philosophie geht man davon aus, daß es die Wirklichkeit gar nicht gibt, daß sie nur Schein ist. Aus Ihrem Alltag können Sie das sicher bestätigen: Zwei Personen sehen die gleiche Situation, und trotzdem erzählt hinterher jeder etwas anderes. Besonders Kleinkinder haben eine Wirklichkeitsauffassung, die sich von der Auffassung Erwachsener unterscheidet. Für sie sind die Grenzen zwischen Phantasie und Realität noch fließend. Sie sprechen bestimmten Erscheinungen eine magische Bedeutung zu.

Wahrnehmungsspiele

Kimspiele

Die Bezeichnung „Kim-Spiele" leitet sich ab von einer Figur des englischen Schriftstellers Rudyard Kipling, der in einem Roman einen elternlosen Straßenjungen beschreibt. Dieser Junge namens Kim reist gemeinsam mit seinem Lehrer durch Indien. Dabei trifft Kim auf einen Hindu-Jungen, der die besondere Gabe besitzt, sich alle Dinge sofort zu merken und auf Anhieb richtig wiederzugeben.
„Kim-Spiele" sind somit Spiele, die konzentrierte Beobachtung und detaillierte Wahrnehmung erfordern:

❍ Sammle Steine in der freien Natur und suche dir einen Lieblingsstein aus. Betrachte deinen „Liebling" ganz aufmerksam und versuche dabei, dir alles Wichtige zu merken, damit du ihn später wiedererkennst. Welche Farbe hat er? Welche Form? Wie groß ist er? Hat er irgend etwas Besonderes? Bestimmt möchtest du deinen Stein auch betasten. Fahre mit den Fingerspitzen auf der Oberfläche entlang und spüre, wie sie sich anfühlt. Nun schließe die Augen oder drehe dich einfach um. Einer der Mitspieler wird deinen Lieblingsstein nun zusammen mit anderen Steinen auf den Tisch legen. Öffne jetzt wieder die Augen. Kannst du deinen „Liebling" wiedererkennen?

❍ Suche ungefähr sechs Gegenstände aus deinem Zimmer zusammen und lege sie auf ein Tuch oder ein Tablett. Schließe die Augen. Ein Gegenstand wird weggenommen und versteckt. Nun öffne die Augen wieder. Welcher Gegenstand fehlt?
Man kann übrigens Gegenstände nicht nur verschwinden lassen, sondern auch ein ganz neues Teil hinzulegen. Kannst du sagen, welches Teil neu ist?

❍ Schau mich an vom Kopf bis zu den Füßen. Nun drehe dich um. Ich werde jetzt irgend etwas an mir verändern. Drehe dich wieder zurück und versuche nun, die Veränderung zu entdecken! Ja, du hast recht. Ich habe jetzt ... meine Brille abgesetzt ... mir ein Tuch umgebunden ... die Jacke ausgezogen ... meine Frisur verändert ...

Mein „geistiges Auge"

Schließe nun die Augen. Was siehst du? Die Farbe Schwarz? Oder eine andere Farbe? Siehst du einen Gegenstand? Erzähle mir, was du jetzt gerade mit geschlossenen Augen vor dir siehst. Soll ich dir eine kleine Aufgabe stellen? Kannst du mit geschlossenen Augen dein Kinderzimmer sehen? Gehe mit geschlossenen Augen in deinem Kinderzimmer spazieren. Was siehst du?
Varianten: Stelle dir unseren Garten vor, gehe dort spazieren. Oder: Gehe in Gedanken den Weg zum Kaufmann ...
Dieses sogenannte Visualisieren, das übrigens auch Erwachsenen mitunter recht schwer fällt, ist eine wichtige Voraussetzung für viele Methoden konzentrativer Selbstentspannung wie Phantasiereisen und meditative Übungen.

Mit allen Sinnen

Ich ertaste mir die Welt

Die taktile Wahrnehmung über die Haut und den Tastsinn hat vor allem eine wichtige soziale Bedeutung. Über Streicheln, Kuscheln, Tragen und Wiegen erfährt bereits der Säugling ein Gefühl der Sicherheit und Liebe. Ashley Montagu schreibt in seinem Buch zum Thema „Körperkontakt": „Die Haut umhüllt uns vollkommen, ist das früheste und sensitivste unserer Organe, unser erstes Medium des Austauschs und unser wirksamster Schutz. Wahrscheinlich ist sie neben dem Gehirn das wichtigste unserer organischen Systeme. Der am unmittelbarsten mit der Haut verbundene Sinn, der Tastsinn, der Ursprung aller Empfindungen, wird vom menschlichen Embryo vor allen anderen Sinnen entwickelt."
Im Zusammenhang mit Stille und Stilleerfahrungen scheint mir jedoch, gerade heute, eines bedeutsam zu sein: **Kinder brauchen Zeit für Nähe, Zeit für liebevolle Gesten, Zeit für Berührungen.** Liebevolle Gesten bestehen auch darin, dem Kind einfach einmal über den Kopf zu streicheln, es in den Arm zu nehmen oder auf den Schoß. Kuschelstunden brauchen übrigens auch ältere Kinder! Doch Kinder wollen auch alles anfassen, möchten Dinge handhaben und ausprobieren, um Erfahrungen zu machen. Sie möchten sich die Welt handelnd erschließen, möchten nach der Welt greifen, um sich letztendlich zu begreifen. Berühren, tasten, handhaben, spüren, fühlen ... Etwas zu berühren, ob Menschen oder Dinge, berührt unser Innerstes und löst unweigerlich Gefühlsreaktionen aus.

Gefühlte Räume

Verbinden Sie Ihrem Kind die Augen. Stellen Sie sich hinter Ihr Kind und fassen Sie es an den Schultern, so daß Arme und Hände frei bleiben. Führen Sie es durch die Wohnung. Dabei hält es die ausgestreckten Arme voran. Lenken Sie Ihr Kind, aber lassen Sie es selbst bestimmen, wohin es möchte. Dabei kann es Dinge berühren, die vor ihm sind. Wenn Ihr Kind etwas interessiert, kann es stehenbleiben und den Gegenstand genau betasten. Errät Ihr Kind, wo es sich gerade befindet? Bemerkt es, was es berührt?

Mein Krabbelsack

Dazu benötigen Sie einen Stoffsack oder einen Bettbezug. Wählen Sie vier bis sechs Gegenstände aus, die Sie in dem Sack verschwinden lassen. Das Kind ertastet den Inhalt entweder von außen durch den Stoffbezug, oder es greift in den Beutel hinein und benennt jetzt die Gegenstände, die es gerade in Händen hält. Man kann auch eine leere Waschmittelbox wählen und zwei Öffnungen für die Arme und Hände hineinschneiden. Auf diese Weise greift das Kind in die Tastbox und fühlt den Inhalt, ohne ihn sehen zu können.

Ich ertaste mir die Welt

Ein Fühlspaziergang: eine Geschichte

Legen Sie verschiedene Unterlagen, etwa im Abstand von ein bis zwei Metern, auf die Erde, und zwar in folgender Reihenfolge:
- Bausteine aus dem Kinderzimmer
- Einen Berg aus zerknülltem Zeitungspapier
- Ein Kopftuch
- Einen Schlüsselbund
- Mehrere weiche Kissen

Lassen Sie sich viel Zeit für den Spaziergang. Erzählen Sie die folgende Geschichte langsam und mit ausreichenden Pausen. Ihr Kind zieht Schuhe und Strümpfe aus, schließt die Augen oder bindet sich ein Tuch um den Kopf.

Jetzt stehst du auf einer langen Straße. Spüre, wie deine Füße in diesem Augenblick den Boden berühren. Stelle dir die Straße in Gedanken vor. Es ist eine große, breite Straße. Nun gehst du einen Schritt vorwärts. Du hebst die Füße und spürst, wie du über **Bausteine** läufst. Irgend jemand muß hier Bausteine auf die Straße gelegt haben. Versuche weiterzugehen. Gleich hören die Steine auf, und du hast glatten Boden unter dir ...

Während du dich weiter fortbewegst, kommst du an einen Berg aus **Papier**. Irgend jemand hat es wohl mitten auf die Straße geworfen. Du kannst das Papier nicht nur mit den Füßen erspüren, du kannst auch ein Geräusch hören, während du durch den Berg aus Papier stapfst ... Langsam verändert sich der Untergrund wieder. Es ist wieder die gewohnte Straße unter dir. Du schreitest vorsichtig weiter. Jetzt liegt ein **Tuch** auf der Straße. Wer das wohl hier verloren hat? Du gehst über das weiche Tuch hinweg ...

Der Weg ist noch nicht zu Ende. Jetzt liegt ein kleines Metallteil vor dir. Bleibe stehen, und taste mit den Füßen danach. Versuche zu raten, was es ist? Es ist ein **Schlüssel**. Sicher wird der Mensch, der den Schlüssel verloren hat, kommen und ihn suchen. Also laß ihn besser auf der Straße liegen ...

Jetzt gehst du wieder ein Stück des Weges. Nun verändert sich der Straßenbelag. Bauarbeiter haben den Asphalt aufgerissen, und sie haben ganz weichen Sand auf die Straße gekippt. Der Sand fühlt sich an wie ein kuscheliges **Kissen**, in das du nun ganz tief einsinkst. Spüre, wie deine Füße sich in dem weichen Sand wohl fühlen. Bleibe für einen kurzen Augenblick stehen. Genieße das weiche Gefühl unter dir. Du wartest. Zeit vergeht ...

Jetzt bewegst du die Füße ein wenig hin und her. Mal geht der rechte Fuß nach vorne, mal der linke. Verlagere auch das Gleichgewicht, mal auf den rechten, mal auf den linken Fuß ...

Nun gehst du weiter. Der Sand liegt hinter dir. Du hast noch ein paar Sandkörner an den Füßen, die du jetzt abschüttelst.

Du öffnest die Augen und drehst dich um. Du blickst zurück auf die Straße. Was siehst du?

Mit allen Sinnen

Das bunte Spielfeld der Düfte

In einem Seminar über „Neurolinguistisches Programmieren" (NLP) bekam jedes Gruppenmitglied folgende Aufgabe gestellt: „Schließen Sie die Augen, und denken Sie an Weihnachten! An welche Gerüche können Sie sich erinnern? Wie roch es in Ihrer Kindheit zum Weihnachtsfest?" Die Antworten lauteten: „Ich denke an den Geruch von Zimt." „Ich rieche gebratene Äpfel." „Ich spüre den Duft von Tannennadeln." Gerüche sind unweigerlich mit Emotionen verbunden: Manchmal riechen wir etwas und werden plötzlich glücklich oder auch traurig. Der Duft von Sonnenmilch weckt Assoziationen an unbeschwerte Urlaubstage. Der Geruch von Bohnerwachs dagegen erinnert an die Schulzeit, und schon denken wir an unsere schlechten Noten.

Heute werden in der sogenannten Aromatherapie auch die Bedeutung des Geruchssinns und die Wirkung von Duftstoffen neu entdeckt. Man schreibt ätherischen Ölen, die in Kräutern, Blüten oder Blättern enthalten sind, besondere heilende Wirkungen auf Körper und Geist zu.
Von alters her werden duftende Essenzen bei Ritualen, Gottesdiensten, Meditationen, Zeremonien eingesetzt. **Duftstoffe wirken teils anregend, teils beruhigend, fördern die Konzentrationsfähigkeit, schaffen eine besondere Innerlichkeit, verbessern Stimmung und Wohlbefinden.** Wenn wir Kindern zu mehr Innerlichkeit und umfassenden Sinneserfahrungen verhelfen wollen, so sollten wir den Geruchssinn nicht stiefmütterlich behandeln.

Riechende Natur

Jahreszeiten duften recht unterschiedlich. So riecht es im Sommer meist nach Gras und Heu, im Herbst nach vermodertem Laub. Auch Wetterverhältnisse erzeugen eigene Gerüche: Nach einem kühlen Regenschauer liegt ein besonderer Duft in der Luft. Bestimmte Orte verbreiten eine ganz eigene Duftnote wie der Salzgeruch des Meeres oder der Blumenduft einer Bergwiese. Gerüche sind manchmal auch wenig angenehm wie der eines Komposthaufens, eines gedüngten Feldes oder des Autoverkehrs.

Damit Kinder ihren Geruchssinn in ihrer ganz natürlichen Umgebung entfalten können, ist es wichtig, daß Erwachsene sie hin und wieder darauf aufmerksam machen, sich auf einen bestimmten Geruch zu konzentrieren oder einem bestimmten Duft bewußt nachzugehen. „Riech einmal! Was könnte das sein?" Lassen Sie Ihr Kind auch einmal die Augen schließen, wenn Sie gerade im Freien sind.
Wenn es möchte, kann es sich auch die Ohren zuhalten. So kann es sich am besten auf Gerüche konzentrieren. Erkennt es, was es gerade riecht?

Spielfeld der Düfte

Die Küche – ein Spielfeld der Düfte

Selbstverständlich werden Kinder hin und wieder in der Küche sitzen, den Eltern beim Kochen zusehen, in die Töpfe schauen, vielleicht sogar dort spielen. Machen Sie die Küche doch einfach mal zu einem Erfahrungsraum für Gerüche: Es reicht eigentlich schon, wenn Sie Ihren gewohnten Tätigkeiten nachgehen, aber die Aufmerksamkeit des Kindes bewußt auf seinen Geruchssinn lenken:

❍ Haben Sie Gewürzdosen in Ihrer Küche? Stellen Sie dem Kind vier Dosen hin, und lassen Sie es daran riechen. Wichtig sind allerdings große Abstände zwischen den einzelnen Riechversuchen. Die Duftmoleküle haften längere Zeit auf der Nasenschleimhaut. Eine Pause ist notwendig, um die alte Erfahrung wieder zu neutralisieren. Wie riecht das? Was könnte das sein?
❍ Lassen Sie das Kind an den Lebensmitteln riechen, die Sie gerade verarbeiten.
❍ Lassen Sie das Kind in Töpfe hineinschnuppern.

Dabei kommt es nicht so sehr darauf an, daß die exakte Bezeichnung der Lebensmittel und Gewürze genannt wird. Diese Unterscheidung und Benennung fällt sogar vielen Erwachsenen schwer. Kinder sollen sich auf Gerüche konzentrieren lernen. Sie sollen zunächst nur vom Gefühl her unterscheiden. Sie sollen Empfindungen ausdrücken. Mit der Zeit werden sie dann einzelne Gerüche mit Sicherheit richtig benennen können: „Das ist Zimt." „Das riecht nach Zitrone."

Dufträume gestalten

Wenn Kinder für Gerüche sensibilisiert sind, dann werden sie bald auch Gerüche bewußt wahrnehmen und Vorlieben für bestimmte Duftrichtungen entwickeln. Vielleicht wählen Sie mit Ihrem Kind in einem Geschäft, in dem ätherische Öle zu kaufen sind, einen Lieblingsduft aus:

❍ Ätherische Öle kann man in Wasserschälchen auf die Heizung stellen.
❍ Oder man reibt Steine, Muscheln, Kugeln aus unlasiertem Ton oder Holztäfelchen damit ein.
❍ Man kann sie in eine Sprühflasche geben und im Raum versprühen.
❍ Man kann sie in eine Duftlampe träufeln.

Duftfläschchen und Riechdosen

Sammeln Sie kleine Flaschen oder Dosen, in denen normalerweise Filme aufbewahrt werden. Geben Sie in die verschiedenen Fläschchen jeweils eine kleine Menge Parfum, ätherisches Öl oder Wasser, das mit einem Duftstoff versetzt wurde.
In die Filmdosen können Sie Kräuter, Blütenblätter, Tee oder Zellstoff geben, den Sie zuvor in einem Duft getränkt haben. Bei einem Duftspiel sollten Sie allerdings anfangs nicht mehr als vier, später maximal sechs Düfte parallel anbieten. Sie können die verschiedenen Düfte erraten oder auch paarweise – wie bei einem Memory – zuordnen lassen.

Mit allen Sinnen

Geschmackssachen

Vor einiger Zeit berichtete eine Teilnehmerin eines Seminars über Heilfasten von folgender Erfahrung: „Fünf Tage hatte ich nichts gegessen. Nur riesige Mengen Flüssigkeit getrunken. Mein erstes Nahrungsmittel nach dem Fasten war ein geriebener Apfel. Zum ersten Mal in meinem Leben hatte ich dabei das Gefühl, wirklich bewußt zu erleben, wie ein Apfel schmeckt. Ich kaute ganz langsam. Der Apfelberg kam mir riesig vor. Die Geschmackszellen auf meiner Zunge waren äußerst sensibel. Ich spürte auch den Duft, der von dem frisch geriebenen Apfel ausging. Nie zuvor hatte ich so genußvoll einen Apfel gegessen."

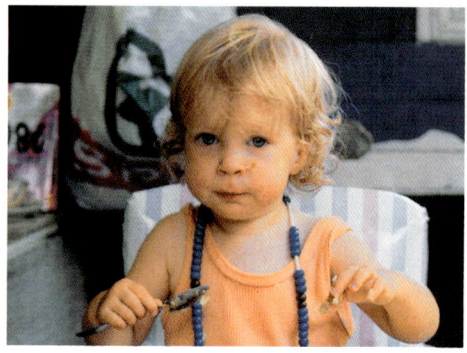

Dieses Beispiel zeigt nur zu deutlich: Bewußte Geschmackserfahrungen sind möglich. Wir brauchen dazu nicht etwa eine Delikatesse zu essen. Auch ganz simple Nahrungsmittel aus unserem täglichen Leben können bewußt geschmeckt, feine Geschmacksnuancen wahrgenommen und unterschieden werden. Leider ist heute bereits bei Kindern der Geschmackssinn durch verschiedene Inhaltsstoffe der chemischen Industrie geprägt. Es schmeckt nur noch das, was man bereits kennt. Auf Geschmacksexperimente lassen sich manche Kinder nur noch unter größten Vorbehalten ein. Was sie nicht kennen, was nicht in den gewohnten Geschmacksrahmen paßt, ist gleich „Iiiigitt".

Meine Schmeck-Ecke

Auch hierfür brauchen Sie so gut wie keine Vorbereitungen zu treffen. Geben Sie dem Kind, wenn Sie in der Küche kochen, kleine Häppchen als Geschmacksproben. Vielleicht möchte Ihr Kind einmal etwas bisher nicht Gekanntes probieren? Ein rohes Stück Kohlrabi, eine Zucchini, ein Stück Fenchel? Oder wie wäre es mit Sprossen oder Keimen? Ermuntern Sie Ihr Kind, bisher unbekannte Nahrungsmittel wenigstens einmal zu kosten.

Wenn Sie Lust zu einem Quiz haben, verbinden Sie dem Kind die Augen. Füttern Sie es mit Nahrungsmitteln, die Sie gerade zubereiten. Hier ist es wichtig, daß Ihr Kind Speisen und Zutaten kostet, die es bereits kennt und benennen kann: vielleicht Apfel, Banane, Birne, Möhre, Tomate, Gurke. Erschrecken Sie das Kind nicht mit ungewöhnlichen Nahrungsmitteln wie Senf oder Meerrettich.

Töne, Klänge und Geräusche

Ich höre Töne, Klänge und Geräusche

Kinder wachsen oft in einer sehr lauten Welt auf. Manches Mal können wir bei uns selbst beobachten, daß wir so auf permanente Geräuschkulissen und akustische Berieselung programmiert sind, daß Stille fast wie ein bedrohlicher Ausnahmezustand erlebt wird. „Es ist hier so still. Mach doch mal Musik an!" hören wir uns dann womöglich sagen.
Absolute Stille in Reinform gibt es kaum, denn irgendein noch so feines Geräusch ist meistens zu vernehmen: Ist es der Atem, das Knacken der Treppen, das Blubbern unserer Heizung? Und selbst dann, wenn kein deutliches Geräusch vernehmbar ist, haben wir noch das Gefühl, als hätte die Stille selbst einen geheimnisvollen Klang.
Das, was wir mit dem Ohr, also auditiv wahrnehmen, sind akustische Reize – Schallwellen. Im folgenden stelle ich einige Möglichkeiten vor, wie man mit Kindern Töne, Klänge und Geräusche bewußt wahrnehmen kann.

Der Klang der Räume

Dieses Spiel hat nur Sinn, wenn Ihr Kind aufgeschlossen und motiviert ist. Hörerfahrungen lassen sich nicht erzwingen. Gehen Sie mit Ihrem Kind durch die Wohnung. Haben die Räume vielleicht einen eigenen Klang? Vereinbaren Sie eine Spielregel: In jedem Raum schweigen wir eine Minute. Anschließend erzählen Sie sich ganz leise, was Sie gehört haben.

Weckersuchen

Bei diesem Spiel hält sich Ihr Kind die Ohren zu und konzentriert sich auf die Stille. Jetzt verstecken Sie einen lauten Wecker im Raum. Auf ein Zeichen hin nimmt Ihr Kind die Hände wieder von den Ohren und lauscht. Hört es, wo der Wecker versteckt ist?

Wer läuft denn da?

Lassen Sie Ihr Kind die Augen schließen. Nun gehen Sie im Zimmer umher. Kann Ihr Kind Ihre Schritte hören? Von Zeit zu Zeit soll es raten, wo Sie sich gerade befinden. Das Spiel ist besonders eindrucksvoll, wenn der Boden leicht hallt.

Stille Post

Für dieses Spiel benötigen Sie mehrere Mitspieler. Alle sitzen im Kreis. Nun denkt sich der erste ein Wort oder eine Nachricht aus und flüstert sie dem Nachbarn ins Ohr. Der Nachbar gibt die Information an den nächsten weiter. Das wiederholt sich so oft, bis die Nachricht den letzten Mitspieler erreicht hat. Er darf die Botschaft jetzt laut sagen. Was kommt am Ende dabei heraus? Manches Mal gibt es ulkige Verzerrungen.

Mit allen Sinnen

Eine Geschichte mit Naturgeräuschen

In dieser Geschichte machen die Kinder die Geräusche entweder selbst (an den entsprechenden Stellen), oder sie setzen oder legen sich entspannt hin und hören der Klanggeschichte mit geschlossenen Augen zu.
Sie benötigen folgende Materialien:
○ Laub oder raschelndes Papier
○ Einen kleinen Zweig
○ Eine Schüssel mit Wasser oder ein Glockenspiel
○ Eventuell eine Flöte oder Pfeife
○ Eventuell eine Handtrommel

Unterwegs in der Natur

Heute zieht es mich in die freie Natur. Ich packe meinen schönen grünen Rucksack, den ich zum Geburtstag bekommen habe, und gehe mit meiner Freundin Steffi und unserem Dackel Felix in den Wald. Kaum sind wir angekommen, hören wir schon, wie ein Kuckuck ruft. **„Kuckuck, Kuckuck"**, klingt es durch den Wald.
Mit eigener Stimme imitieren
Wir spüren, als wir langsam durch den dichten Laubwald gehen, wie die Blätter unter unseren Füßen **rascheln**.
Mit Papier oder Laub rascheln
Wir gehen immer weiter und kommen schließlich auf einen Weg. Wo mag dieser Weg wohl hinführen? Steffi hebt ein Stück Ast von der Erde auf, **bricht es durch**
Ein Stückchen Holz durchbrechen
und **wirft** es schließlich ganz weit von sich.
Das Holz hinwerfen
Felix, mein pfiffiger, kleiner Dackel, sieht dies und **rennt**, schnell wie der Wind, hinter dem Stückchen Holz her, schnappt es und trägt es stolz in seinem Maul zu mir zurück.

Mit den Fingernägeln auf dem Tisch kratzen
„Brav, Felix", sage ich und streichle das Tier.
Mit der Hand über den Tisch wischen
„Dort steht eine Bank!" ruft Steffi. Wir **gehen** wieder durch Berge von Laub
Mit Papier oder Laub rascheln
und erreichen schließlich eine schon etwas morsche Bank aus Baumstämmen. Dort setzen wir uns nieder. Wir **atmen** ganz tief durch
Laute Atemgeräusche machen
und genießen die Stille. Es riecht angenehm frisch nach Blättern. Wir bleiben eine Weile ruhig auf der Bank sitzen. Nichts geschieht.
Schweigen
Schließlich sagt Steffi: „Hör einmal. Ist da nicht ein Geräusch von Wasser?" Ich spitze meine Ohren, aber Wasser, nein, das kann ich beim besten Willen nicht hören. Steffi hat sich bestimmt etwas eingebildet. Leise gehen wir weiter. Unsere Ohren sind nun ganz aufmerksam. Und plötzlich höre ich es auch: ein leises **Plätschern**.
Mit den Händen in einer Schüssel mit Wasser oder auf einem Glockenspiel spielen
Das **Plätschern** wird immer lauter ... Schließlich erblicken wir einen klaren Bach, der sich vor unseren Augen durch den Wald schlängelt. Steffi nimmt einen bunten Kieselstein vom Boden auf und wirft ihn in den Bach hinein, daß es nur so **platscht**.
In die Wasserschüssel patschen oder kleinen Gegenstand auf die Tischplatte werfen
„Komm, jetzt müssen wir aber nach Hause", sage ich. Wir gehen weiter. Schließlich treten wir aus dem Wald heraus, und wir stehen auf einem weiten Feld. Der Wind **pfeift** uns um die Ohren.
Mit den Lippen oder mit einer Flöte pfeifen
Jetzt fängt es plötzlich auch noch zu **regnen** an.
Mit Fingern auf der Tischplatte trommeln
Wir **rennen**, so schnell wie wir können, auf unser Haus zu.
Mit beiden Händen auf Tischplatte oder Handtrommel schlagen
Wir **klopfen** an die Haustür.
Mit der Faust auf die Tischplatte schlagen
Mutter und Vater öffnen uns. Wir **gehen** eine Holztreppe hinauf.
Rhythmisch mit beiden Fäusten auf den Tisch schlagen
Im Wohnzimmer ist der Tisch gedeckt. Es gibt Apfelkuchen mit Kakao. Felix bekommt einen Teller mit einem dicken Knochen darauf. Müde lassen wir uns in die Sessel fallen. Wir recken und strecken uns und **gähnen** laut. Wir haben viel zu erzählen.

5 Aus der Bewegung zur Ruhe finden

Stille und Bewegung sind keine Gegensätze, wie man vielleicht auf den ersten Blick meinen könnte. Da braust ein Kind mit seinem Roller durch die freie Natur. Nachdem es sich so richtig „ausgetobt" hat, wirkt es heiter und ausgeglichen. Da sitzt ein Kind auf einer Schaukel. Das gleichmäßige Schaukeln wirkt sich beruhigend auf seine Stimmungslage aus. **Besonders Spiele mit dem körperlichen Gleichgewicht, zum Beispiel das Balancieren über Baumstämme im Wald, stehen in enger Verbindung zum „seelischen Gleichgewicht". Der Gleichgewichtssinn ist ein alles vereinendes Bezugssystem, das reguliert, integriert und dafür sorgt, daß alle Sinne als ein Ganzes zusammenarbeiten. Spiele mit dem Gleichgewicht machen Kinder ruhig und konzentriert.** Bei den folgenden Übungen werde ich Bewegungs- und Gleichgewichtssinn nicht trennen, sondern unter dem Motto „Bewegte Stille" als zusammengehörend und ganzheitlich auffassen.

Der Tanz der Stille

- Bewege dich still im Raum. Versuche so zu gehen, daß du nirgendwo anstößt. Gehe mal langsam, als würdest du jeden Schritt genießen, dann wieder schneller, schließlich wieder langsam.
- Verbinden Sie Ihrem Kind auch einmal die Augen. Wenn das Sehen ausgeschaltet ist, muß es sich ganz auf die Informationen seiner anderen Sinne verlassen.
- Lassen Sie eine beruhigende Musik spielen, und schalten Sie sie nach einiger Zeit plötzlich ab. In diesem Moment soll Ihr Kind stehenbleiben, wie versteinert, wie angewurzelt. Es soll ganz bewußt spüren, welche Gestalt es angenommen hat, wie es atmet. Anschließend wird die Musik wieder angestellt. Das Wechselspiel zwischen Bewegung und Stillstand beginnt von neuem.
- Ihr Kind kann nun tanzen, während es den Raum ganz mit seinen Bewegungen ausfüllt. Dabei sollte es auf den leisen Klang der Musik achten. Wenn die Musik wieder ausgeht, tanzt es in der Stille weiter. Hört es die Musik auch in der Stille?
- Vielleicht möchte Ihr Kind zum Tanzen ein durchsichtiges Tuch, einen Seidenschal oder etwas Ähnliches in die Hand nehmen.

Im Gleichgewicht

Ich bin im Gleichgewicht

Selbst der unkonzentrierte Zappelphilipp findet über Gleichgewichtsspiele zur Konzentration. Solche Spiele tragen eine kleine Tücke in sich: Wer seine Gedanken nicht beieinander hat, kippt um oder stürzt. Beachten Sie dabei, daß Kinder mit Konzentrationsstörungen durch solche Spiele allein nicht therapiert werden können. Parallel dazu sollte man die tieferen Ursachen für solche Probleme beachten. Kinder suchen sich automatisch Spielgelegenheiten, die ihren Gleichgewichtssinn entwickeln helfen. Folgende Möglichkeiten können Sie im Alltag entdecken:

❍ Lassen Sie Kinder über Baumstämme, Mauern, Wegbegrenzungen, dicke Steine oder über weichen Untergrund gehen. Im Haus wählen Sie vielleicht mehrere Kissen, die Sie hintereinander anordnen, oder legen ein Seil auf die Erde, über das Ihr Kind balanciert.

❍ Legen Sie dem Kind ein Säckchen auf den Kopf, das Sie mit ganz wenig Sand gefüllt haben. Nun soll sich das Kind fortbewegen, ohne daß dieses Säckchen herunterfällt.

Durch Spiralen zum Mittelpunkt

Spiralen eignen sich dazu, sich konzentriert auf einen Mittelpunkt hin zu bewegen. Mit Straßenkreide kann Ihr Kind eine große Spirale draußen auf den Asphalt malen. Helfen Sie ihm nur dann, wenn es ihm Probleme bereitet. Der Mittelpunkt wird durch einen dicken Punkt, einen Stein oder eine Blüte besonders gekennzeichnet.

Nun kann das Kind vom Anfang der Spirale genau auf dem Kreidestrich bis in den inneren Bereich gehen. Dabei sollte ganz bewußt ein Fuß vor den anderen gesetzt werden. Ihr Kind sollte versuchen, immer genau auf der Linie zu gehen. Andere Mitspieler können folgen. Wenn alle Kinder im Mittelpunkt sind, können sie den Weg auch zurückgehen. Es ist jeweils nur ein Spieler unterwegs. Je nach Gefühl können Spiralen auch aus anderen Materialien gelegt werden – aus Kieselsteinen, Kastanien, Blättern, Muscheln, Papiertaschentüchern oder aus Knöpfen. Bei diesen Hilfsmitteln geht man allerdings nicht direkt auf der Kreislinie, sondern direkt daneben!

Das Flamingo-Spiel

Eine gute Möglichkeit, sein Gleichgewicht zu üben und sich konzentriert dem eigenen Körper zuzuwenden, ist der Stand auf den Zehenspitzen oder auf einem Bein; für Kinder zunächst eine nicht ganz leichte Aufgabe. Bieten Sie kleinen Kindern anfangs Ihre Hand als Hilfestellung an oder lassen Sie die Übung an einer Wand oder direkt neben einem Stuhl ausführen.

Mein Körper, ein Tempel der Seele: Körperwahrnehmung

Bei Entspannungsübungen – ganz gleich, ob für Erwachsene oder für Kinder – ist es wichtig, den eigenen Körper zu kennen. Etwa ab dem zweiten Lebensjahr entwickeln Kleinkinder ein „Körperschema". Sie können ihre Körpergrenzen wahrnehmen, Körperteile benennen und in einfachen Bewegungsspielen wie Fingerspielen richtig zum Einsatz bringen. Mit zunehmendem Alter sind sie in der Lage, sogar Einzelheiten exakt zu bezeichnen, was sich manchmal in Kinderbildern sehr widerspiegelt: So zeichnen Kinder bei einem Männchen oft nicht nur Kopf, Augen, Nase und Mund, sondern manchmal auch den Hals, exakt fünf Finger, den Bauchnabel und einzelne Zehen. Wie verhält es sich jedoch mit der Fähigkeit des Kindes, den ganzen Körper oder einzelne Körperteile bewußt zu entspannen? Abgesehen davon, daß viele Kinder die Worte „entspannen" oder „gemütlich machen" gar nicht kennen, können sie gezielte Übungen zur Entspannung auch nur nach einer gewissen Gewöhnungs- und Lernzeit ausführen.

Es verlangt schon einige Zeit und Übung, bis Kinder in der Lage sind, bei Entspannungsübungen den Spannungsgrad der Muskulatur zu spüren und zu beeinflussen. Dabei hilft der „Spannungssinn", über den auch der Wechsel von Anspannung und Entspannung herbeigeführt werden kann.

Übungen zur Körperwahrnehmung sind übrigens sehr gut als Partnerübungen für Eltern und Kinder oder auch für mehrere Kinder geeignet.

Mein Körperbild

Zeichnen Sie die Körperumrisse Ihres Kindes nach, um ihm sein eigenes Körperbild bewußt zu machen. Dazu ist ein großes Stück Tapete nötig, auf dem Ihr Kind ausgebreitet genügend Platz hat. Ihr Kind sollte möglichst entspannt und ruhig auf dem Rücken liegen, während Sie mit einem dicken Stift außen an seinem Körper entlang malen. Dann kann es den Stift spüren. Wenn die Umrisse vollständig auf dem Blatt zu sehen sind, kann Ihr Kind sein Körperbild betrachten. Erkennt es sich wieder?

Wenn das Kind möchte, kann es die Umrißzeichnung anschließend farbig ausgestalten. Wie sieht sich Ihr Kind selbst? Interessant ist, wie Kinder nun diese Darstellung ausschmücken, ob sie sich Kleidung malen oder nicht, ob das Gesicht gezeichnet wird oder das Haar. Sie können mit dem Kind ins Gespräch kommen, etwa darüber, ob es bestimmte Körperteile besonders gern hat oder ob es die Namen der Körperteile nennen möchte. Nachdem sich das Kind eine Zeitlang mit der Umrißzeichnung beschäftigt hat, legt es sich vielleicht nochmals in das Bild hinein. Wie ist jetzt das Empfinden?

Körperwahrnehmung

Ein Körperspaziergang

Hier handelt es sich um ein entspannendes Spiel für die Mittagspause, für eine besinnliche Verschnaufpause unter einem Baum im Sommer oder für die Zeit kurz vor dem Einschlafen:
Das Kind liegt zunächst auf dem Rücken. Die Augen sind geschlossen. Nun kündigt der Erwachsene eine kleine Reise an.
„Meine Finger verreisen an verschiedene Orte. Sie besuchen die einzelnen Körperteile. Spüre in deinen Körper hinein. Wo befinden sich meine Finger gerade?"
Es sind ganz unterschiedliche Variationen möglich: Sie können die Finger Stück für Stück reisen lassen (etwa von den Füßen aufwärts bis zum Kopf und zurück), Sie können aber auch den Weg der Gegensätze und Überraschungen wählen. Einmal besuchen die Finger ein Ohr und nach einer kurzen Pause einen Zeh. Einmal liegen sie am Bauch und später im Nacken. Kinder werden hier zu stillen Genießern. Machen Sie zwischen den einzelnen Berührungen ausreichende Pausen. Je langsamer Sie vorgehen, desto wirksamer sind die Erfahrungen. Führen Sie, wenn das Kind noch Lust dazu hat, den Körperspaziergang nun in Bauchlage aus.

Puppenspieler und Marionette

Das Kind liegt auf einer weichen Decke oder im Gras. Man benötigt einen langen Schal oder ein Tuch, das man an einem Ende knotet, so daß eine Art Schlinge entsteht. Nun arbeiten Sie vielleicht mit der folgenden Vorstellungsübung:
„Du bist eine Puppe im Theater, die an Fäden hängt. Jetzt bin ich einmal der Puppenspieler. Ich bewege dich. Du brauchst gar nichts zu machen. Du kannst dich ganz überlassen."
Nehmen Sie nun ein Bein des Kindes, und legen Sie es behutsam in den geknoteten Schal. Wenn Sie den Schal jetzt anheben, so können Sie das Bein vorsichtig führen: Mal ziehen Sie es sanft in die Höhe, mal lassen Sie es wieder absinken. Mal bewegen Sie es nach rechts, mal nach links. Das Kind soll nicht mitarbeiten, sondern sich der Bewegung überlassen. Nach einer Weile wechseln Sie zum anderen Bein und später auch zu den Armen.
Mit älteren Kindern können Sie sich nach der Übung über die Gefühle unterhalten, die das Kind hatte, während es als leblose Puppe dalag.
Da es sich in Eltern-Kind-Beziehungen immer auch um Machtkämpfe handeln kann, ist es für das Kind manchmal schwierig, sich einem Elternteil wie eine „Marionette" zu überlassen. Wenn Eltern und Kinder im Augenblick viele Konflikte haben und das Kind das Gefühl hat, es würde sehr beherrscht, so wird eine Art Ohnmachtsgefühl in dieser Übung noch bestärkt. Andererseits kann die Übung auch dazu beitragen, solche Gefühle zum Thema zu machen.
Für Kinder, die dagegen sehr zur Dominanz neigen und immer alles beherrschen wollen, kann diese Übung eine Hilfe sein zu lernen, sich zurückzunehmen und loszulassen.

Entspannung durch Massage

Massagen ermöglichen einen wohltuenden Dialog über die Haut, ein Gespräch ohne Worte über den Tastsinn, bei dem auch Energien von einem Menschen zum anderen fließen. Im Gegensatz zum ganz jungen Kind, bei dem die Haut und der Tastsinn zunächst die Hauptquellen des Kontaktes zur Umwelt darstellen, treten beim älteren Kind zunehmend die sogenannten Fernsinne (Sehen, Hören ...) ergänzend hinzu. Das ältere Kind erlebt sich nicht mehr so stark als Einheit mit seinen Eltern, sondern es möchte sich zunehmend verselbständigen. Massagerituale sollten deshalb immer altersgemäß gestaltet und den Kindern niemals aufgezwungen werden. Sie ergeben sich meist von allein, aus bestimmten Situationen heraus. Manches Mal kommt vielleicht ein Kind mit der Bitte: „Kratz mir mal den Rücken!" oder „Kannst du mich mal eincremen?" „Ich habe Bauchschmerzen. Massiere mal meinen Bauch!"
Hier eine kleine Auswahl von Massagespielen, die Eltern mit Kindern, aber auch Kinder mit ihren Eltern oder Kinder untereinander ausprobieren können.

Tip

Bei Massagespielen sollten Sie folgendes beachten:
○ Massieren Sie niemals direkt auf der Wirbelsäule.
○ Nehmen Sie die Reaktionen Ihres Kindes wahr.
○ Sprechen Sie während der Massage mit dem Kind über seine Empfindungen.
○ Probieren Sie verschiedene Techniken aus: Massagen können sowohl ein sanftes Handauflegen und Streicheln sein als auch ein stärkeres Kneten, Zupfen oder Klopfen.
○ Durch Reiben und Wringen vor der Massage wärmen Sie Ihre Hände an und laden sie energetisch auf.

Tiere unterwegs

Das Kind liegt oder sitzt. Nacheinander laufen verschiedene Tiere über den Körper des Kindes. Versuchen Sie, durch Ihre Massagebewegungen mit den Händen typische Fortbewegungsarten von Tieren auszudrücken. Besonders interessant sind gegensätzliche Tiere wie eine kleine Maus, die über den Rücken huscht, ein dicker Elefant, ein hüpfender Hase, ein Floh, der kitzelt und pikst, ein schnelles Pferd, eine Katze mit Samtpfoten ...
Das Kind soll diese Massage so richtig genießen können. Deshalb ist es anfangs vielleicht nicht sinnvoll, die Namen der Tiere erraten zu lassen. Kündigen Sie ruhig das Tier an: „Jetzt kommt ein Hase ..." Auf diese Weise kann sich das Kind ganz auf die Massage konzentrieren und muß nicht angestrengt nachdenken. Lassen Sie die Tiere lange genug auf dem Körper des Kindes spazierengehen, und machen Sie zwischen den einzelnen Tierarten eine kleine Pause.

Entspannung durch Massage

Heute wird gebacken

Sie können mit folgender Vorstellungsübung beginnen: „Stelle dir vor, auf deinem Rücken wird ein Kuchenteig geknetet. Zuerst streue ich Mehl auf den Rücken, dann drücke ich ein Loch in den Mehlhaufen. Anschließend schlage ich ein Ei auf und gebe es in die Vertiefung hinein. Schließlich streue ich Zucker darüber und füge viele kleine Stückchen Butter zu dem Teig. Zum Schluß knete ich ihn kräftig durch. Dann rolle ich ihn aus und steche mit einzelnen Förmchen kleine Kuchen aus … Während die Kuchen im Ofen backen, reinige ich den Tisch von Mehl und Teigresten."
Stellen Sie die einzelnen Arbeitsgänge in Form von verschiedenen Handbewegungen dar: das Streuen von Zucker und Mehl durch sanftes Trommeln, das Hinzugeben von Butterflöckchen durch mehrmaliges zartes Antippen. Es folgen Bewegungen wie: Drücken, Kneten, Rollen und Ausstechen (mit mehreren Fingern drücken und die Finger auf der Stelle hin und her bewegen), das Säubern des Tisches durch wiederholte Wischbewegungen.
Es ist übrigens schön, wenn Sie sich nach einem Massagespiel mit einer Geste verabschieden. Streichen Sie noch einmal den ganzen Körper des Kindes von oben nach unten aus. Auf diese Weise erfährt das Kind seine ganze Gestalt.

Massage mit Bällen

Nehmen Sie einen oder auch zwei Tennisbälle oder Igelbälle. Beginnen Sie, im Nacken und an den Schultern zart kreisende Bewegungen auszuführen. Steuern Sie die Rollbewegung und den Druck der Massage durch Ihre Handinnenflächen. Auch hier sollten Sie daran denken, daß Sie niemals direkt auf der Wirbelsäule massieren dürfen. Fragen Sie das Kind, ob der Druck zu schwach ist oder zu stark und an welchen Körperteilen Sie noch ausdauernder massieren sollen. Wandern Sie abwärts – zu den Armen, den Händen und dann wieder den Rücken entlang zum Po. Anschließend massieren Sie die Oberschenkel, die Waden und die Füße. Lassen Sie sich ruhig Zeit, gerade bei den Füßen länger zu verweilen. Sie werden viel zu oft vernachlässigt. Massieren Sie dann wieder langsam aufwärts Richtung Kopf. Wichtig ist, daß der Ball oder die Bälle in Ihren Händen fließend rollen. Auch Sie selbst haben etwas von diesem Spiel. Ihre Handinnenflächen werden automatisch mitmassiert. Lassen Sie sich genügend Zeit, jedes einzelne Körperteil liebevoll zu behandeln.
Besonders beruhigend ist diese Übung zu einer entspannenden, meditativen Musik.

Entspannung durch Yoga

Yoga ist ein uraltes indisches System der körperlichen, geistigen und seelischen Entspannung. In unserer westlichen Welt denken wir, wenn wir von Yoga sprechen, meist an den sogenannten „Hatha-Yoga". Zu dieser Yogaform gehören genau festgelegte Körperübungen, die allerdings nur einen Teil des sehr umfassenden indischen Yogasystems ausmachen. Diese Körperübungen sind nicht mit herkömmlicher Gymnastik zu vergleichen. Die Haltungen werden ganz langsam und bewußt eingenommen. Der Übende verweilt eine Zeitlang ganz entspannt in der jeweiligen Haltung, konzentriert sich auf sich selbst und den Atem. Es geht nicht um Leistung. Jeder übt nach seinen Möglichkeiten. Yoga hält Wirbelsäule, Muskeln und Gelenke geschmeidig und beeinflußt die inneren Organe positiv. Die Yogahaltungen, die wir einnehmen, sind aber nicht nur unter körperlichen Gesichtspunkten wirkungsvoll. Sie bilden letztendlich eine Brücke zu unserem Geist. Der indische Gelehrte Patanjali hat vor über 2.000 Jahren zum ersten Mal den Begriff des Yoga ganz kurz und eindeutig erklärt. Wenn man seine Definition aus dem Indischen übersetzt, so lautet sie: „Yoga ... das Zur-Ruhe-Kommen des Denkens." Einer meiner Yogaschüler übertrug dies einmal ganz salopp in den Jargon der Neuzeit. Er sagte: „Yoga bringt deinen Kopf zur Ruhe, wenn dir der Schädel brummt." Wenn wir diesen Gedanken weiterspinnen, so bedeutet dies: Durch Yoga lernen wir abzuschalten, nach innen zu blicken, zu uns selbst zu finden. Menschen, die Yoga üben, sind keineswegs „komische Vögel", die auf ihrem fliegenden Teppich sanft davonschweben. Durch Yoga finden wir die Kraft, uns selbst und unser Leben in Ruhe zu betrachten, einen Zustand der Zerstreuung in einen Zustand der Sammlung zu wandeln.

Besonders Kindern macht Yoga immer wieder großen Spaß. Schon die Namen der Übungen sind anschaulich und bildhaft: Mit Bezeichnungen wie „Baum", „Brücke", „Kerze", „Bogen", „Stuhl" oder „Löwe" verbinden Kinder sofort konkrete Vorstellungen, und deshalb fällt es ihnen im allgemeinen leicht, sich rasch in diese Übungen einzufühlen.

Die Atmung: Brücke zum Selbst

Bevor ich mit einem Yogamärchen beginne, möchte ich noch etwas über die Bedeutung der Atmung vorwegschicken: Atemübungen oder auch die Konzentration auf die natürliche Atembewegung gehören unmittelbar zum Yoga. Man bezeichnet den Atem im Yoga auch als „die Brücke zum Selbst". Wenn wir uns auf den Atem konzentrieren, werden wir fast automatisch ruhig.

Schon Kinder können ihren Atem bewußt spüren. Zunächst darf es allerdings nicht darum gehen, den Atem willentlich zu beeinflussen. Wir nehmen ihn zunächst einfach nur wahr, lassen ihn ganz natürlich fließen. Wer bei Anfängern im Yoga, egal, ob es sich um Kinder oder Erwachsene handelt, zu viel mit der Atmung experi-

Entspannung durch Yoga

mentiert oder gar einen bestimmten Atemrhythmus einübt, der läuft Gefahr, daß sich die Menschen beim Üben verkrampfen, daß sie unnatürlich atmen, weil sie zu viel mit ihrem Willen beeinflussen wollen. Diese antrainierte Form der Atmung schadet Anfängern mehr, als daß sie von Nutzen wäre. Lediglich fortgeschrittene Yogaschüler sollten sich mit Atemübungen beschäftigen.

Trotzdem können wir bereits Kinder für ihre Atmung sensibilisieren. Erfahrungen, die sie dabei machen, sind nicht nur beim Yoga von großem Nutzen, sondern sie bilden auch die Grundlage für andere Entspannungstechniken.

Wie ein schlafender Bär

Jeder kann seine Atmung ganz praktisch erfahren, wenn er sich entspannt auf eine Decke oder ins Gras legt. Wenn Sie dies mit Ihrem Kind ausprobieren möchten, führen Sie mit ihm folgende Übung durch:

- Nimm die Hände und suche deinen Bauch. Lege beide Hände locker auf deine Bauchdecke. Sie ruhen dort ganz leicht. Spüre nun, wie sich die Bauchdecke hebt und senkt ... Der Atem geht ganz ruhig und gleichmäßig ... Der Atem geschieht ... Es atmet mich.
- Nach einer Weile legst du die Hände auf deine Brust. Sie ruhen dort ganz leicht. Spüre, wie sich der Brustkorb hebt und senkt. Der Atem geht ganz ruhig und gleichmäßig ... Der Atem geschieht ... Es atmet mich.
- Hast du schon einmal ein schlafendes Tier beobachtet? Bei Tieren kannst du sehr schön sehen, wie sie ganz entspannt daliegen. Während sie im Schlaf atmen, bewegt sich das Fell gleichmäßig auf und ab.

Stelle dir nun vor: Du bist jetzt ein müder Bär. Du hast dich gemütlich auf der Erde ausgestreckt. Du bist so müde, daß du tief und laut gähnen mußt. Du liegst entspannt da. Arme und Beine sind angenehm schwer. Dein Gesicht ist ganz gelöst und entspannt. Die Lippen sind leicht geöffnet. Gehe nun in Gedanken zu deinem Bauch. Stelle dir dort dein dickes Bärenfell vor. Während du atmest, geht das Fell ruhig und gleichmäßig auf und ab ... Der Atem geschieht ganz von allein ... Der Atem kommt und geht ... Es atmet mich (Beobachtungszeit: 1 bis 2 Minuten).

Wenn der Bär ausgeschlafen hat, öffnet er die Augen, reckt und streckt sich. Er gähnt noch einmal tief und gleichmäßig. Jetzt ist er wieder ganz wach und erfrischt. Sie können dem Kind für die Atembeobachtung auch einen Stoffbären oder ein anderes Kuscheltier auf den Bauch legen. Eine weitere Vorstellungsübung ist die Verbindung zwischen der Atmung und den Meereswellen.

Ein Yogamärchen zum Anhören und Mitmachen

Grundsätze beim Lesen und Üben:
○ Das folgende Yogamärchen ist für Kinder ab vier Jahren geeignet.
○ Machen Sie sich klar, ob Ihr Kind für Yogaübungen bereit ist. Es verlangt Fingerspitzengefühl, Zeitpunkt und Ort richtig auszuwählen. Manchmal ist es sinnvoll, daß sich die Kinder vorher bewegen.
○ Sie benötigen für Yoga lediglich bequeme Kleidung und eine Decke oder Matte.
○ Lesen Sie sich das Yogamärchen zunächst allein durch, und versuchen Sie, die Übungen selbst auszuprobieren.

Annäherung an das Yogamärchen
○ Sie können die Übungen vor dem Lesen des eigentlichen Märchens mit dem Kind einüben. Dabei kann es sinnvoll sein, wenn Sie die Übungen dem Kind zunächst vormachen oder gemeinsam mit dem Kind ausführen.
○ Schauen Sie sich zum besseren Verständnis der Yogahaltungen die Fotos an. Wenn Ihr Kind keinen Spaß an dem Yogamärchen hat, so üben Sie lediglich anhand des vorliegenden Bildmaterials.
○ Es wäre allerdings auch denkbar, sofort mit der Geschichte zu beginnen. Diese Vorgehensweise hat etwas sehr Spontanes und muß nicht nachteilig sein. Hier ist es allerdings dann öfter nötig, dem Kind bei der Ausführung der Yogahaltungen praktisch zu helfen. Das braucht nicht mit vielen Worten geschehen. Sie können das Kind auch durch eine behutsame Geste oder Berührung in die richtige Haltung führen.
○ Zeigen Sie dem Kind während des Übens durch Ihr Vorbild, daß Sie selbst ganz bei der Sache sind. Sprechen Sie ruhig und langsam.
○ Ein Wesensmerkmal des Yoga ist ein regungsloses Verweilen in der jeweiligen Haltung. Die Verweildauer beträgt anfangs vielleicht eine halbe bis eine Minute. Achten Sie darauf, daß Ihr Kind die Übungen nicht zu schnell ausführt.
○ Wenn Ihr Kind mit den Übungen zu spielen beginnt (bei der Übung „Katze" miaut oder auf allen Vieren durch den Raum kriecht), so freuen Sie sich über seine spontanen Einfälle ... Versuchen Sie es dann aber wieder zur eigentlichen Geschichte zurückzuführen. Dabei können Sie die Handlung ruhig ein wenig umdichten.

Zur Einstimmung
Das Kind steht in aufrechter Haltung auf einer Matte oder Decke. Sie lesen vor. Sie müssen sich dabei nicht unbedingt an den Text halten. Sprechen Sie ruhig mit Ihren eigenen Worten: Spüre, wie du jetzt da stehst ... Spüre besonders die Schultern, Arme und Hände ... Fühle nun die Atmung im Bauch. Die Atmung geht ganz ruhig und gleichmäßig. Der Atem geschieht. Es atmet mich ... Spüre auch die Beine ... Wie stehen sie da? ... Was fühlen deine Füße, wenn sie den Boden berühren? Folge mir nun mit deinen Gedanken, wenn ich dir eine Geschichte erzähle ...

Yogamärchen

Mit der Elfe Klingklang ins Yogaland

Es ist Abend. Der Himmel ist dunkel, und über dir sind viele strahlende Sterne. Die Elfe Klingklang kommt herbei. Sie berührt dich ganz leicht an der Hand. Kannst du es spüren? ...

„Schau, dort droben. Siehst du den Mond?" fragt die Elfe. „Heute ist er nur halb zu sehen. Wenn ich dich nun wieder berühre, so wirst du selbst ein leuchtend heller Mond."

„Halbmond"

Stehe gerade, die Füße sind dicht beieinander. Hebe beide Arme gestreckt über den Kopf. Drehe die Handflächen nach vorn und verschränke die Daumen.
Beuge dich nun ein wenig vor, so daß der Körper vom Po bis zu den Fingerspitzen eine gerade Linie bildet. Bleibe ein wenig in dieser Haltung und spüre den Atem. Du bist ein Halbmond, der zur Erde leuchtet ...
Komme nun wieder zurück zur Mitte. Dehne dich zum Himmel.
Spanne nun den Po etwas an. Beuge dich mit gestreckten Armen leicht nach hinten. Wieder bist du ein Halbmond, der zur Erde leuchtet. Spüre, wie deine Atmung ruhig und gleichmäßig fließt ...
Komme zurück zur Mitte. Dehne dich erneut zum Himmel ...
Beuge dich mit gestreckten Armen zur Seite und verweile dort ...
Komme wieder zurück zur Mitte und beuge dich mit gestreckten Armen zur anderen Seite. Auch in dieser Haltung verweilst du kurze Zeit ...
Dann richte dich wieder auf zu einer geraden Haltung und senke die Arme.

Nun nimmt dich die Elfe Klingklang an die Hand. Du folgst ihr durch einen Wald. In dem Wald sieht es ganz gemütlich aus. Die Bäume schauen dich freundlich an.
Du gehst durch den Wald, indem du jetzt auf der Stelle trittst. Rolle die Füße langsam und bewußt ab. Spürst du den Boden unter dir?
„Möchtest du selbst ein Baum sein?" fragt Klingklang. Du nickst.

„Baum"

Deine Füße stehen jetzt dicht nebeneinander. Stelle dir vor, daß deine Füße durch Wurzeln mit der Erde verbunden sind ... Die Beine sind der Baumstamm ... Jetzt fehlt nur noch die Baumkrone ... Dazu hebst du die Arme über den Kopf. Die Handflächen berühren sich. Stehe eine Weile so da. Spüre deine Atmung ... Dann läßt du die Arme wieder sinken.
Wenn du schon ein wenig geübter bist, so kannst du diese Haltung auch nur auf einem Bein stehend ausführen. Dazu verlagerst du das Gewicht auf ein Standbein. Das andere Bein ist das Spielbein, das du nun gebeugt in die Luft führst. Stelle nun den Fuß des gebeugten Spielbeins an die Wade des Standbeins. Wieder sind die Arme über dem Kopf. Versuche, kurze Zeit das Gleichgewicht zu halten. Atme dabei ganz natürlich weiter. Während du stehst, sollte das gebeugte Spielbein so weit wie möglich aus dem Hüftgelenk heraus nach außen gedreht sein ...
Nach kurzer Zeit erfolgt ein Wechsel. Nun stehst du auf dem anderen Bein.
(Wenn du Schwierigkeiten mit dem Gleichgewicht hast, kannst du dich bei dieser Übung auch an einer Wand festhalten.)

Klingklang nimmt dich wieder bei der Hand. Euer Weg führt über eine Brücke. Unter der Brücke fließt ein klarer Bach, in dem viele bunte Fische schwimmen. Während du den klaren Bach im Mondschein betrachtest, sagst du zu Klingklang: „Ich möchte auch eine Brücke sein, die über den klaren Bach führt."
Klingklang denkt eine Weile nach. Dann sagt sie: „Wenn ich dich jetzt berühre, dann wirst du eine Brücke."

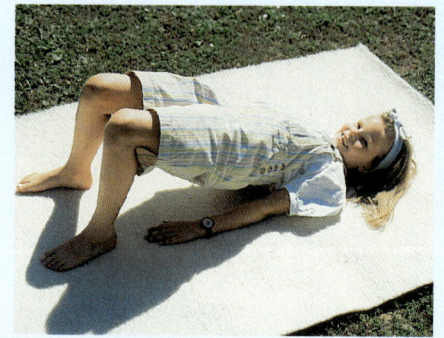

„Brücke"

Lege dich auf die Erde. Die Arme ruhen gestreckt neben dem Körper. Die Handflächen berühren die Erde ... Beuge die Beine und stelle die Füße auf. (Der Abstand zwischen den Beinen beträgt etwa Hüftbreite.) Hebe nun den Po mit dem Becken Richtung Himmel. Bleibe in dieser Haltung. Atme ruhig weiter. Du bist jetzt eine Brücke. Unter dir fließt der klare Bach ...
Komme wieder zurück zum Boden ... Nach einer kurzen Pause kannst du die Brücke noch einmal bauen.

Yogamärchen

Die Elfe Klingklang führt dich weiter. Du bist ganz neugierig, was der Wald noch alles zu bieten hat. „Ich werde dir einen wunderschönen goldenen Vogel zeigen", sagt Klingklang. „Es dauert nicht mehr lange. Er lebt dort hinten am Wasserfall. Aber bevor wir dort sind, kannst du noch viele Blumen und Tiere sehen." ... Kaum hat sie diese Worte ausgesprochen, so steht dort eine leuchtend gelbe Blume. Noch sind die Blütenblätter geschlossen. Klingklang berührt dich zart am Arm.

„Die Blume"

Setze dich auf deine gebeugten Beine, so daß der Po die Fersen berührt! (Fersensitz) ... Lege nun, während du im Fersensitz hockst, deine Stirn auf die Erde und die Arme ganz locker neben den Körper. Stelle dir vor, daß du eine Blüte bist. Die Blütenblätter sind noch geschlossen. Langsam gehen sie jetzt auf. Du hebst Kopf, Arme und Oberkörper und kommst langsam von der Erde hoch. Jetzt kniest du (Kniestand) und hebst die Arme gestreckt und mit gespreizten Fingern zum Himmel. Die Blume ist erblüht. Verweile für kurze Zeit mit gestreckten Armen ... Spüre den Atem ... Dann gehe langsam und bewußt zur Erde zurück. Die Blüte schließt sich wieder. Bleibe noch in dieser Haltung am Boden. Spüre die Stirn, die den Boden berührt. Lasse die Arme ganz locker neben dem Körper liegen ...

Klingklang zupft an deinem Arm. Du sollst nun aufstehen. „Recke und strecke dich, wie die Katze dort drüben", sagt die Elfe Klingklang. Du schaust dich um. Tatsächlich. Dort drüben streckt sich gemütlich eine kleine schwarze Katze im Mondlicht. „Wenn du es genauso machst wie die Katze, dann kannst du deinen ganzen Körper dehnen. Das ist sehr entspannend", sagt Klingklang, und sie deutet an, daß du dich auf den Waldboden setzen sollst.

„Gestreckte Katze"

Wieder sitzt du mit gebeugten Beinen am Boden, so daß dein Po direkt auf deinen Fersen ruht. Nun darfst du dich recken und strecken wie eine Katze: Lege die Hände vor deinen gebeugten Knien auf die Erde. Die Fingerspitzen zeigen nach vorn ... Die Arme sind gestreckt. Nun gleiten deine Hände Stück für Stück nach vorn weiter ... Automatisch löst sich der Po von den Fersen und geht in die Höhe ... Rutsche so weit, bis die Oberschenkel senkrecht zur Erde stehen und Kinn und Brust die Erde berühren. Atme in dieser Haltung ruhig. Versuche dich zu entspannen ... Dann ziehe den Po zurück, bis du wieder auf den Fersen sitzt.

Aus der Bewegung zur Ruhe

Bleibe noch einen Augenblick im Fersensitz und lausche den Worten der Elfe. Sie sagt: „Wenn du den Yogaweg jetzt weiter gehst, wirst du bald zur Quelle kommen. Dort ist es ganz still. Du hörst nur den goldenen Vogel singen. Er singt so schön, als käme das Lied aus deinem eigenen Herzen. Doch zuvor mußt du noch ein Stück des Weges mit mir gehen. Wenn du mir auf dem Yogaweg folgst, so ist es wichtig, daß du ganz bei der Sache bist. Schaue dich um. Dort drüben sitzt ein kleiner grüner Grashüpfer."
Du staunst. Was es auf dem Waldboden nicht alles zu sehen gibt! Du legst dich neben dem Grashüpfer auf den Bauch. „Jetzt sehe ich aus wie eine riesige Heuschrecke", sagst du zur Elfe. Klingklang lacht: „Eine Heuschrecke sieht aber ein wenig anders aus."

„Heuschrecke"

*Wenn du jetzt auf dem Bauch liegst, so sollen deine Beine ganz dicht beieinander sein. Die Arme liegen gestreckt neben dem Körper, die Handflächen und das Kinn berühren den Boden. Du blickst nach vorn. Nun führst du ein Bein gestreckt ein kleines Stück in die Luft. Du hältst es ganz entspannt und atmest dabei natürlich weiter. Nach kurzer Zeit legst du es wieder ab ... Nun führst du das andere Bein in die Luft und hältst es dort für eine kleine Weile ... Wenn du es nach kurzer Zeit wieder zum Boden zurückgeführt hast, so spüre einmal in die Beine hinein. Wie fühlen sie sich jetzt an? ... (Pause zum Nachspüren) Wenn du schon ein bißchen geübter bist, kannst du auch beide Beine gleichzeitig in die Luft halten. Dazu ballst du die Hände zu Fäusten und legst die Fäuste unter die Oberschenkel. Auf diese Weise ist es leichter, beide Beine gleichzeitig zu heben.
Nun drehst du dich wieder auf den Rücken. Du reckst und streckst dich. Du dehnst deinen ganzen Körper durch ... Du nimmst dir Zeit ...*

Plötzlich sagt Klingklang: „Wir müssen noch einen kleinen Berg besteigen, bevor wir zur Quelle kommen und den goldenen Vogel finden."
Du stehst auf. Du gehst auf der Stelle. Du rollst bewußt die Füße ab und hebst die Knie beim Gehen ganz hoch. Du spürst jeden einzelnen Schritt ... Gehe eine Weile ...
Nun bist du auf der Spitze des Berges angekommen. Dort gibt es eine Bergwiese mit weichem Gras und Moos. Du legst dich auf die Erde und streckst dich aus. Klingklang zündet eine Kerze an. Sie leuchtet zwischen zwei Felsen in eine winzige Höhle. Nun formst auch du mit deinem Körper eine Kerze:

Yogamärchen

„Kerze"

Während du am Boden liegst, hebst du deine Beine senkrecht in die Höhe. Dann führst du die Füße immer weiter Richtung Kopf. Dabei verläßt der Po den Boden ... Jetzt richtest du die Beine gerade zum Himmel. Nur die Füße sind dabei gelöst. Der übrige Körper ist gestreckt. Du kannst den Körper unterstützen, indem du die Arme auf dem Boden aufstützt und Po und Hüften mit den Händen hältst ... Beobachte jetzt deine Atmung im Bereich des Bauches. Sie fließt tief und gleichmäßig ruhig ... Wenn du nach einer Weile aus der Haltung zurückkommst, so mache die einzelnen Schritte in umgekehrter Reihenfolge. Dabei soll der Kopf am Boden bleiben. Du kannst den Rückweg unterstützen, indem du Arme und Hände fest auf den Boden drückst ... Senke nun die Beine Richtung Kopf und führe dann den Po langsam wieder zur Erde zurück. Senke die Beine weiter und immer weiter, bis sie wieder gerade auf der Erde liegen.

Bleibe liegen und spüre nach. Schließe nun die Augen.

(Bei Problemen mit der Wirbelsäule kann Ihr Kind die Beine beim Rückweg auch beugen. Kleinere Kinder haben vielleicht Probleme, den Po überhaupt von der Erde zu lösen. Anfangs reicht es auch, wenn sie nur die Beine senkrecht in die Höhe führen, während der Po liegenbleibt. Oder das Kind führt die Übung an einer Wand aus. Dazu rutscht es dicht an eine Wand heran, beugt die Beine, stellt die Füße auf die Wand und drückt, während es mit Becken und Po hochkommt, fest gegen den Widerstand der Wand. Auch hier kann es wieder Becken und Po mit den gebeugten Armen zur Unterstützung halten.)

Schlußentspannung

Du liegst ruhig da ... Die Arme sind ganz schwer ... Auch die Beine sind angenehm schwer ... Der ganze Körper ist schwer ... Die Atmung geht ruhig und gleichmäßig ... Der Atem geschieht von ganz allein ... Es atmet mich ... Das Gesicht ist entspannt ... Die Augenlider sind sanft geschlossen ... Die Stirn ist glatt ... Die Lippen sind leicht geöffnet ... Ich bin ganz ruhig und entspannt ...
Nun bin ich am Ziel meiner Reise. Ich habe die Quelle gefunden. Leise höre ich das Wasser rauschen ... Der goldene Vogel singt sein Lied ...

Nach der Schlußentspannung sollte sich das Kind einmal kräftig recken und strecken!

6 Im Wolkenbett zum Regenbogen: Phantasiereisen

Reisen zu den inneren Bildern

Wir leben in einer Welt unzähliger, künstlich gemachter Bilder, die von vielen Seiten auf uns einströmen. Ob über den Fernseher oder den Computerbildschirm, über Werbeplakate oder flackernde Leuchtschriften, allseits sind wir von einer kaum noch zu beschreibenden Bildervielfalt umringt. Nicht wenige Menschen antworten auf die Frage „Was siehst du, wenn du eine Zeitlang die Augen schließt?": „Nichts. Ich sehe gar nichts. Alles ist schwarz." Dabei ist unser Innerstes und seine Erlebniswelt eine unerschöpfliche Quelle für Bilder und Symbole. Sich mit der eigenen, inneren Bildwelt zu beschäftigen, ist ein heilsamer Weg: Wir bauen Streß ab, können unsere Selbstheilungskräfte aktivieren und entwickeln in der stillen Betrachtung ein vertieftes Verständnis für das, was uns wirklich bewegt.

Der Weg zu den inneren Bildern kann auch über Phantasiereisen führen. Die Phantasiereisen sind keine Flucht in eine Traumwelt. Das Kind soll aus seiner inneren Bildwelt Kräfte schöpfen für das Außen. **Die Bildsymbole und Formulierungen sind bei Phantasiereisen bewußt positiv gewählt, so daß man davon ausgehen kann, daß sie bei den meisten Kindern Gefühle des Wohlbehagens** hervorrufen und somit die Möglichkeit schaffen, muskulär zu entspannen, sich fallen zu lassen und den persönlichen Bildern freien Lauf zu ermöglichen.

Die Kinder hören die Geschichten sitzend oder liegend an einem ruhigen, störungsfreien Ort. Der Erwachsene liest langsam und ruhig. Er hält ausreichend lange Pausen ein. Er beobachtet das Kind und seine Reaktionen aufmerksam. Wenn das Kind anfangs nicht zuhören kann, die Erzählung unterbricht oder mit eigenen Worten kommentiert, sollte der Erwachsene diese Reaktionen aufgreifen und als eigenständige Gefühlsäußerungen achten.

Nach der Geschichte braucht das Kind genügend Raum, um über seine Erlebnisse und Gefühle sprechen zu können. Dabei ist es wichtig, aktiv zuzuhören. Man darf dem Kind auf keinen Fall Dinge einreden, die es nicht empfunden hat. Wenn Ihr Kind nicht von dieser Form des Geschichtenerzählens beeindruckt ist, so muß dies nicht heißen, daß es Phantasiereisen nicht mag. Vielleicht war die Situation ungünstig, oder es benötigt noch ein wenig Gewöhnungszeit.

Es ist sicher ausreichend, wenn Ihr Kind eine oder zwei Lieblingsgeschichten hat, die Sie ihm über einen längeren Zeitraum immer wieder vorlesen. In der Wiederholung liegt eine ganz eigene Kraft.

Phantasiereisen

Die kleine Wolke

Lege dich bequem hin, und schließe die Augen. Stelle dir vor, du liegst auf einer grünen Wiese. Auf der Wiese blühen viele bunte Blumen. Das Gras, auf dem du dich ausruhst, ist angenehm weich und kuschelig. Du kannst dich jetzt ganz gemütlich ausstrecken. Dein Körper sinkt ein in das Gras. Die Arme und Beine sind schwer. Der ganze Körper ist schwer. Der Himmel über dir sieht strahlend blau aus. Nur eine einzige kleine weiße Wolke ist zu sehen.

Du schaust dir diese Wolke an, und während du sie so betrachtest, siehst du, daß die Wolke ganz langsam zu dir herunterschwebt. Sie sinkt tiefer und immer tiefer.

Bald darauf landet sie genau dort, wo du dich gemütlich auf deiner grünen Wiese ausgestreckt hast. Jetzt liegst du selbst in dieser weißen Wolke wie in einem wunderbaren Federbett. Das Wolkenbett ist sehr angenehm. Du kannst dich entspannen. Du hast das Gefühl, daß die Wolke dich tragen wird. Du kannst dich ganz überlassen.

Die kleine Wolke schwebt nun gemeinsam mit dir über die Wiese, und dann steigt sie ganz langsam höher hinauf, fast bis zum Himmel.

Du spürst, wie ein feiner Wind aufkommt, der dich und die kleine Wolke weiterträgt.

Unter dir liegt nun die ganze Stadt: die Häuser ... der Kirchturm ... die Bäume ... die Autos ... die Menschen ... Alles ist winzig klein, wie Spielzeug.

Du schwebst mit deiner kleinen, weißen Wolke hoch oben am Himmel. Du fühlst die warmen Sonnenstrahlen und den Wind. Dein ganzer Körper ist warm, die Stirn ist angenehm kühl und frisch. Nun erblickst du eine Schar von Vögeln. Sie fliegen laut zwitschernd an dir vorbei.

Langsam kehrst du wieder zurück von deiner Reise.

Du erkennst die grüne Wiese ganz deutlich unter dir. Du sinkst tiefer, immer tiefer hinab, und schließlich landest du mitten auf der Wiese, umgeben von Blumen.

Du sinkst wieder ein in das weiche, duftende Gras. Du fühlst, wie dein ganzer Körper schwer wird. Dein Körper ist entspannt, gelöst. Du bist ganz ruhig. Du fühlst dich geborgen in dem weichen Gras.

Du verabschiedest dich von der kleinen Wolke und siehst, wie sie langsam zum Himmel zurückfliegt.

Der Zwerg und der Regenbogen

Heute ist ein wunderbarer, warmer Sommertag. Wenn du zum Himmel blickst, so siehst du die Sonne dort oben stehen, und sie schaut aus wie ein großer, gelber Ball. Du spürst nun ganz deutlich die wohlige Wärme auf deiner Haut. Arme und Beine sind jetzt ganz warm von der Sonne. Dein ganzer Körper ist wohlig warm.
Während die Sonne noch scheint, fällt plötzlich ein angenehm warmer Regen. Da siehst du auf einmal einen Regenbogen. Du betrachtest den Regenbogen, der sich mit vielen zarten Farben über den Himmel spannt.

Jetzt erblickst du einen Zwerg mit einer roten Mütze direkt unter dem Regenbogen. Der Zwerg tanzt vor Freude von einem Bein auf das andere und ruft ganz laut: „Welch eine schöne Rutschbahn am Himmel. Die werde ich gleich einmal ausprobieren!" Er hebt ein Bein in die Luft und versucht, den Regenbogen hinaufzusteigen. Vergebens. Er schafft es nicht. Da wird der Zwerg ganz traurig. Schade. Er wäre so gerne auf dem Regenbogen entlanggerutscht …
Während er traurig dasteht, hört er eine innere Stimme. Die Stimme sagt: „Du hast die kleine Treppe nicht gesehen." Der Zwerg blickt auf. „Tatsächlich. Da ist ja eine kleine Treppe. Meine Augen haben sie nicht erkannt."
Vergnügt steigt der Zwerg die steile Treppe hinauf. Das ist sehr anstrengend.
Er steht oben auf dem Dach des Regenbogens. Er blickt stolz und mutig nach unten. Den Aufstieg hat er ganz allein geschafft. Er sagt zu sich selbst: „Ich bin stark. Ich habe viel Kraft."
Nun freut er sich auf die Rutschpartie. Lustig setzt er sich auf seinen Po, und dann rutscht er langsam tiefer, immer tiefer, den Regenbogen hinab.
Arme und Beine sind dabei gelöst. Alles geschieht von allein. Er gleitet locker und entspannt. Er überläßt sich ganz dieser gemütlichen Rutschbahn. Die Rutsche trägt ihn, bringt ihn sicher zur Erde zurück. Fühle einmal, wie entspannt der Zwerg ist.
Mit einem „plopp" landet er sicher im Gras.
Er reckt und streckt sich und sagt ganz leise: „Morgen werde ich es wieder versuchen."

Phantasiereisen

Der blaue Delphin

Hast du schon einmal einen Delphin gesehen – in einem Buch, in einem Film oder im Zoo? Delphine springen gern in die Höhe, fliegen ein Stück übers Wasser und tauchen dann wieder ein in das tiefblaue Meer. Unzählige Male wiederholen sie dieses Spiel: auftauchen, fliegen, eintauchen. Fast sieht es so aus, als könnten sie auf den Wellen des Meeres reiten.
Stelle dir ein großes, weites Meer vor. Inmitten des Meeres lebt die Familie der Delphine. Auf und ab gehen die Wellen. Auf und ab tauchen die Delphine. Während sie wie die Wellen springen, haben sie großen Spaß.
Im großen, weiten Ozean gibt es einen einzigen Delphin von strahlend blauer Farbe. Er heißt überall „der blaue Delphin". Wenn er über die Meereswellen springt, dann hat er genau die Farbe des Wassers. Er fliegt elegant wie ein Pfeil in die Höhe, macht in der Luft einen Bogen, läßt sich dann aufs Wasser fallen, daß es nur so spritzt.
Heute ist der blaue Delphin allerdings so hoch gesprungen und so fest auf die Wasseroberfläche geplatscht, daß ihm sein Bauch und seine Schwanzflosse weh tun. Er sinkt ins Wasser. Da ruft er laut nach den anderen Delphinen. „Klick, Klick", ruft der blaue Delphin. Das heißt soviel wie: „Hilfe, Hilfe, ich habe mich verletzt." Schon kommen seine Freunde und Verwandten angeschwommen. Mehrere Tiere versammeln sich um den blauen Delphin und tragen den verletzten Freund mit ihren spitzen, langen Nasen an die Wasseroberfläche. Dort kann er Luft holen. Der blaue Delphin spürt seinen Atem. Fühle einmal, wie er atmet! Jetzt kann er sich erholen. Die anderen Tiere tragen ihn sicher übers Meer. Der blaue Delphin ist ganz entspannt. Fühle einmal, wie entspannt er ist. Sein ganzer Körper ist schwer. Er fühlt sich ruhig. Er weiß, daß ihm nichts geschieht. Er kann alles loslassen.  Er spürt, wie die anderen Delphine für ihn da sind. Das macht ihn stark. Nach einer Weile ist er wieder gesund.
Mit neuer Kraft schwimmt er davon und ruft seinen Freunden zu.

Unterwegs im Urwald

Stelle dir vor, du gehst durch einen dichten Wald. Überall siehst du üppige, grüne Pflanzen und hohe Bäume. Sicher schreitest du auf einem schmalen Pfad voran. Wenn Blumen oder Sträucher im Weg stehen, schiebst du die Pflanzen zur Seite. Du kannst deinen Weg deutlich vor dir sehen. Er führt dich immer tiefer in den Urwald hinein. Es ist angenehm warm. Du hörst seltene Vögel zwitschern. Du blickst dich um. Da kommt eine ganze Horde fröhlicher Affen. Sie hängen sich an die Zweige der Bäume und schaukeln. Dort stapft ein Elefant vorbei. Er trompetet ein Lied. Über dir sitzt ein Papagei auf einem Ast. Er kreischt und zetert laut. Nun bekommst du Hunger. Du erblickst einen Baum, der prachtvolle Früchte trägt. Geschickt kletterst du an dem langen Stamm empor, pflückst eine dicke, runde Frucht und ißt sie genüßlich auf. Sie schmeckt süß und ist sehr saftig. Dein Hunger ist gestillt. Du gleitest den Baumstamm hinab bis zur Erde. Nun setzt du deinen Weg fort.

Plötzlich kommt dir ein kleines Mädchen entgegen. Es hat eine ganz dunkle Hautfarbe und trägt einen Kranz aus Blumen auf dem Kopf. Es begrüßt dich. Du folgst dem Kind. Es führt dich zu seinen Eltern und Verwandten. Sie leben in einem kleinen Dorf inmitten des Urwaldes. Während du einen großen Platz betrittst, siehst du viele tanzende Menschen. Alle haben Blumenkränze auf dem Kopf. Sie bewegen sich zu den Klängen einer Trommel. Die Urwaldmenschen zeigen dir, daß du mit ihnen tanzen sollst. Du gehst in den Kreis. Du bewegst deine Arme und Beine. Du bewegst auch die Hüften hin und her. Dein ganzer Körper fühlt sich wohl dabei. Du bist entspannt. Die Menschen sind sehr freundlich. Sie mögen es, wenn Besuch kommt. Immer schneller tanzt du zum Rhythmus der Trommeln. Du spürst, wie du atmest. Dein ganzer Körper ist warm.

Durch das Tanzen bist du ein wenig müde geworden. Die freundlichen Menschen zeigen dir einen Platz, wo du dich ausruhen kannst. Du legst dich unter eine Palme. Ein kühler Wind streicht über deinen Körper. Deine Stirn ist angenehm kühl. Deine Arme und Beine sind schwer. Du hast das Gefühl, als würdest du gleich in den Boden einsinken. Du bist ganz ruhig. Die freundlichen Menschen bringen dir Geschenke. Du versprichst ihnen, einige Tage bei ihnen zu bleiben. Du fühlst dich in ihrer Gemeinschaft sicher und geborgen. Die Menschen werden deine Freunde.

Der Bergkristall

Du bist in der Welt der Berge. Rings herum erblickst du hohe Bergspitzen. Auf einigen Gipfeln liegt noch Schnee. Die Sonne steht am Himmel. Die Schneekristalle glitzern, als wären sie aus Silber. Vor dir liegt ein schmaler, steiniger Weg. Neugierig gehst du Schritt für Schritt zu den steilen Felsen empor. Am Wegesrand blühen Bergblumen in verschiedenen Farben. Tiere huschen vorbei. Einige kennst du, andere hast du noch nie gesehen. Ist das vielleicht ein Schneehase dort? Sein Fell ist weich und kuschelig. Er ist so weiß, daß er im Schnee kaum auffällt.
Du gehst an einem Bach vorbei. Du beugst dich hinunter, formst deine Hände zu Schaufeln und trinkst das klare Wasser. Es schmeckt sehr frisch und löscht deinen Durst. Du setzt dich auf die Erde neben den Bach. Während du auf das Wasser blickst, fühlst du dich ganz entspannt. Du spürst deinen Atem. Der Atem geht ruhig und gleichmäßig. Jetzt ist es nicht mehr weit bis zum Gipfel. Was hockt denn da neben einem großen Stein? Es hat eine rote Mütze auf dem Kopf. Und dort? Noch eine rote Mütze.
Jetzt erblickst du immer mehr winzige Wichtelmänner, die Körbe in den Händen halten. Die Körbe sind gefüllt mit Steinen: Kiesel, Goldstückchen und funkelnde Kristalle. Ein Wichtel nach dem anderen kommt aus dem Berg heraus und trägt die Schätze zu einer kleinen Hütte. Einer von ihnen tritt auf dich zu, nimmt dich bei der Hand und führt dich in eine Höhle, die hell erleuchtet ist vom Schein unzähliger Kerzen. Nachdem du die Höhle verlassen hast, stehst du vor einer hölzernen Tür. Der Wichtel holt einen Schlüssel aus einem Kästchen und schließt auf. Du betrittst eine Kammer. Hier steht nur eine Laterne. Überall liegen glitzernde Kristalle. Der Wichtel zeigt auf die Steine und nickt. Du begreifst, daß du dir einen aussuchen darfst. Ein Stein ist schöner als der andere. Du hebst einen auf, steckst ihn in deine Tasche und verläßt die Kammer. Der Wichtel schließt die Tür. Ihr geht durch die Höhle hinaus ins Freie.
Der Wichtelmann winkt dir noch nach, als du den schmalen Weg zurück ins Tal gehst. Unterwegs setzt du dich auf eine Bank und ruhst dich aus. Du nimmst den Stein aus der Tasche und hältst ihn gegen das Sonnenlicht. Während du ihn betrachtest, wirst du ganz ruhig. Du hast das Gefühl, daß er durch deinen ganzen Körper strahlt. Er hat eine besondere Kraft. Du fühlst dich entspannt. Arme und Beine sind schwer. Du spürst deinen Atem. Auf deiner Haut fühlst du die warmen Sonnenstrahlen. Dein ganzer Körper ist warm. Über deine Stirn weht ein leichter Bergwind. Die Stirn ist angenehm kühl. Du bist ganz ruhig.

Der Nachtvogel

Es ist Abend. Du liegst müde in deinem Bett. Noch kannst du nicht schlafen. Das Fenster deines Zimmers ist ein Stück geöffnet. Ein lauwarmer Abendwind weht herein. Du betrachtest vom Bett aus den Mond und die Sterne am Himmel. Da kommt ein Vogel geflogen. Er setzt sich auf den Blumenstrauß, der am Fenster steht, und schlägt dabei mit den Flügeln, um sich schwebend auf den Blumen halten zu können. Du richtest dich im Bett auf und erkennst, daß der Vogel goldene Federn hat. Jetzt beginnt er zu singen. Es ist ein Abendlied für dich. Der Gesang des Nachtvogels macht dich ganz ruhig. Du streckst dich im Bett aus. Du fühlst, wie deine Arme und Beine schwer werden. Du betrachtest jetzt, was du den Tag über erlebt hast. Während der Nachtvogel singt, läßt du die Bilder des Tages an dir vorbeiziehen ...

Jetzt kannst du dich fallen lassen. Du spürst deinen Atem. Der Atem ist wie der Nachtwind. Sanft geht er hin und her. Unter deiner Bettdecke ist es warm. Du fühlst die Wärme auf der Haut. Dein ganzer Körper ist jetzt warm. Der Nachtvogel schüttelt sich. Eine Feder fliegt durch dein Zimmer. Du betrachtest die Feder; du siehst, daß sie leicht wie ein Hauch von einem Luftzug getragen wird. Nun schaut der Mond zum Fenster herein. Du hast das Gefühl, daß der Mond ein lustiges Gesicht hat. Es schaut aus, als hätte er eine Nachtmütze auf und würde dir durchs Fenster zulächeln. Du lächelst zurück. Dabei spürst du, wie sich dein ganzes Gesicht entspannt. Auch Sternenkinder gucken zum Fenster herein. Sie rufen dir zu: „Gute Nacht!"

Nun hat der Vogel sein Lied beendet. Er fliegt weiter zum nächsten Kind. Auf deiner Bettdecke liegt noch die Feder. Langsam hält die Nacht Einzug. Die Welt der Träume wartet auf dich.

Phantasiereisen

Prinzessin Tausendschön und die goldene Muschel

Prinzessin Tausendschön lebt in einem Schloß auf einer kleinen Insel. Manchmal liegt sie im warmen Sand und blickt versonnen auf das Meer hinaus. Die Wellen kommen und gehen. Sie flüstern ihr zu: „Prinzessin, du Schöne, hörst du unser Lied? Dort draußen liegt eine Insel, viel größer als deine. Fahre hinüber, denn dort lebt ein Prinz. Du wirst bald die Seine." Die Prinzessin versteht nicht recht, was die Botschaft der Wellen bedeutet. „Dort drüben lebt ein Prinz. Du wirst bald die Seine ..." Die Prinzessin überlegt. Sie wollte schon immer die Nachbarinseln erkunden. Hier, auf ihrer Insel, kennt sie schon jeden Baum und jeden Strauch. Aber dort?

Sie klatscht in die Hände. Schon kommt eine große Muschel angeschwommen. Ohne irgend jemandem etwas zu sagen, steigt sie ein. Die Muschel rauscht ihr zu: „Prinzessin, du Schöne, du weißt ganz genau, dort drüben der Prinz, der nimmt dich zur Frau." Die Prinzessin lacht. Sie fängt an zu rudern. Das ist sehr anstrengend. Unermüdlich arbeitet die Prinzessin, bis sie schließlich müde wird. Die Muschel rauscht: „Du warst sehr fleißig, jetzt kannst du ruhn, ich werde das übrige für dich tun."

Die Prinzessin streckt sich in der Muschel aus. Sie spürt die Bewegung der Wellen. Die Muschel schaukelt auf und ab. Die Prinzessin wird vollkommen ruhig. Sie spürt ihren Atem. Der Atem ist wie die Wellen des Meeres. Der Atem geschieht. Arme und Beine sind schwer. Der ganze Körper ist schwer. Fühle einmal, wie schwer er ist! Eine Möwe kommt herbeigeflogen. Sie setzt sich auf den Rand der Muschel. „Es ist nicht mehr weit, so schnell ging die Zeit", kreischt die Möwe und fliegt davon. Nach einer Weile kehrt sie zurück. Sie trägt einen grünen Zweig im Schnabel. Ist dort drüben etwa Land? Die Prinzessin richtet sich auf. Sie erblickt eine Insel, die umgeben ist von türkisblauem Wasser.

Die Muschel hat den weißen Sandstrand erreicht. Nun klettert Prinzessin Tausendschön vorsichtig über den Rand. Sie schaut sich um. Sie spürt den warmen Sand unter ihren Füßen. Überall stehen Palmen. Jetzt erblickt sie das Schloß des Prinzen. Ein kühler Wind spielt mit ihrem Haar. Der Wind ist angenehm und erfrischend. Voll Freude schreitet die Prinzessin dem Schloß entgegen. Ein Traum beginnt. Träume ihn weiter ...

Zu jeder Zeit, an jedem Ort: Autogenes Training

Mit Hilfe des Autogenen Trainings ist der Mensch in der Lage, sich selbst zu jeder Zeit und an jedem Ort in ein angenehmes Gefühl der Ruhe und Entspannung zu versetzen. Er ist dabei auch in der Lage, sein vegetatives Nervensystem – das normalerweise einer willentlichen Steuerung nicht zugänglich ist – und bestimmte Organfunktionen zu beeinflussen. So kann er durch bestimmte Formeln und Vorstellungen lernen, sein vor Aufregung klopfendes Herz zu beruhigen und in heiklen Situationen einen „kühlen Kopf" zu behalten. Viele Leiden, die Menschen zum Arzt treiben, sind in Wahrheit seelischen Ursprungs. Der Dauerstreß, in dem viele Menschen heute leben, schwächt Immun- und Abwehrsystem und führt zu vielen körperlich-seelischen Fehlregulationen. Diese Entwicklung verschont leider auch Kinder nicht. Schlafmittel und Psychopharmaka werden in wachsender Zahl schon den kleinen Patienten verordnet. Dabei ist das Autogene Training ein sinnvoller, lohnender Weg, um

○ den Körper zu beobachten und wahrzunehmen
○ auf Ruhe und Konzentration umzuschalten
○ Muskeln zu entspannen
○ Organfunktionen zu normalisieren
○ sich selbst besser kennenzulernen
○ Ursachen von Problemen zu erfassen
○ innere Freiräume zu gestalten
○ Phantasie, innere Bildwelt und sinnliche Wahrnehmung zu entwickeln

Lesen Sie sich die Formeln des Autogenen Trainings zunächst einmal vollständig durch. Lassen Sie die Formeln ganz in Ruhe auf sich wirken. Starten Sie keine vorschnellen Experimente mit Ihren Kindern. Selbst wenn es heute sehr in Mode gekommen ist, Autogenes Training an breite Bevölkerungsschichten heranzutragen, so ist diese Methode in „Laienhand" dennoch nicht ganz unproblematisch. Normalerweise benötigt man für das Autogene Training eine spezielle Ausbildung und ausreichende Erfahrung.

Dennoch werde ich Ihnen zeigen, wie Sie einzelne Elemente der Methode aufgreifen und wie Sie ein allgemeines Interesse an Autogenem Training spielerisch leicht bei Ihren Kindern wecken können. Vielleicht entscheiden Sie danach, ob Sie sich eingehender mit der Methode beschäftigen möchten.

Autogenes Training

Formeln des Autogenen Trainings:

Einstimmung: Ich bin ganz ruhig (ruhig, gelöst, entspannt).

Schwereübung/ Muskelentspannung: Der Arm/Die Arme ist/sind ganz schwer.
Das Bein/Die Beine ist/sind ganz schwer. Ich bin ganz schwer.

Vorstellungshilfe: Du trägst schwere Einkaufstüten in den Händen ... Du hast schwere Stiefel an den Füßen ... Du trägst Gewichte an den Füßen ...

Wärmeeinstellung: Der Arm/Die Arme ist/sind ganz warm.
Das Bein/Die Beine ist/sind ganz warm. Ich bin ganz warm.

Vorstellungshilfe: Die Sonne scheint auf die Arme/Beine ... Warmes Wasser läuft über die Arme/Beine ... Die Hände stecken in warmen Handschuhen ... Die Füße stecken in warmen Fellpantoffeln ...

Herzerlebnis: Das Herz schlägt ruhig und gleichmäßig (kräftig und gleichmäßig). Fortgeschrittene Übung. Für manche Menschen nicht zu empfehlen (z. B. für Leute mit Herzängsten). Entweder weglassen oder ersatzweise: Der Puls schlägt ruhig und gleichmäßig.

Vorstellungshilfe: Das Herz schlägt ruhig und gleichmäßig wie das Pendel einer Uhr ... Das Herz schlägt ruhig und gleichmäßig wie eine große Glocke ...

Atemübung: Die Atmung ist ganz ruhig und gleichmäßig. Es atmet mich.

Vorstellungshilfe: Du sitzt am Strand und beobachtest das Meer. Die Atmung ist wie eine Welle, die kommt und geht ... Du paßt die Atmung der Bewegung an, ruhig und gleichmäßig. Du sagst: Es atmet mich ...

Sonnengeflechtsübung: Das Sonnengeflecht ist strömend warm. Der Bauch ist strömend warm.

Vorstellungshilfe: Du hast eine warme Decke auf deinem Bauch ... Du trinkst einen warmen Kakao ... Der ganze Bauch wird warm.

Kopfeinstellung: Die Stirn ist angenehm kühl.

Vorstellungshilfe: Du fährst mit dem Roller. Ein kühler Wind bläst. Die Stirn ist kühl ... Du fährst mit einem Schiff ... Ein kühler Wind weht ... Die Stirn ist kühl ...

Gesichtsentspannung: Das Gesicht ist entspannt und gelöst.

Vorstellungshilfe: Jemand legt ein dünnes Seidentuch über dein Gesicht. Wenn er es wieder wegnimmt, löst sich das ganze Gesicht ... Jemand massiert dein Gesicht ... Bei jedem Streicheln entspannen sich die Muskeln.

Zurücknehmen:
Nach Beendigung des Trainings erfolgt das „Zurücknehmen". Es ist wichtig, nach der langen Entspannungsphase, bevor man wieder in den „Alltag" zurückkehrt, die Entspannung der Muskulatur zu beenden und wieder Spannung aufzunehmen. Dazu beugt und streckt man die Arme, ballt die Hände zu Fäusten und öffnet sie wieder, reckt und streckt sich und atmet kräftig aus und ein.

Eine Entspannungsgeschichte mit Formeln des Autogenen Trainings

Diese Geschichte zum Kennenlernen des Autogenen Trainings ist so aufgebaut, daß sie zunächst in Abschnitten, entsprechend den verschiedenen Formeln des Trainings, gelesen und geübt werden kann. Später, nachdem die einzelnen Abschnitte gelernt wurden, ist es möglich, die gesamte Erzählung zusammenhängend an das Kind heranzutragen. Das Autogene Training kann sitzend oder liegend durchgeführt werden.

Im Garten des Kaisers

In einem fernen Land lebt ein mächtiger Kaiser. Er besitzt nicht nur ein riesiges Schloß, sondern auch einen großen Garten, in dem die schönsten Blumen und Bäume wachsen. Weil der Kaiser den ganzen Tag lang regieren muß, ist er am Nachmittag oft sehr müde. Dann geht er in seinen Garten. Er setzt sich unter einen schattigen Baum und lauscht. Da singt ein Vogel so lieblich, wie man es sonst nie zu hören bekommt. Auch die Bienen summen, die Blumen duften und die schönsten Schmetterlinge fliegen an ihm vorbei. Wenn der Kaiser dieses friedliche Bild betrachtet, dann wird er ganz ruhig.
Ich bin ganz ruhig, sagt der Kaiser zu sich selbst.
Er blickt noch eine Weile in den Garten und bestaunt die wunderschönen Farben.
Still träumt er vor sich hin. (**Zurücknehmen oder Fortsetzung**)
Der Kaiser besitzt zwei goldene Kugeln. Immer, wenn er Lust zum Spielen hat, holt er die Kugeln hervor. Wenn der Kaiser mit den Kugeln spielt, wird er vollkommen ruhig. Er legt in jede Hand eine Kugel. Durch das Gewicht der Kugeln werden die Hände ganz schwer.
Arme und Hände sind ganz schwer, sagt der Kaiser zu sich selbst.
An den Füßen trägt der Kaiser Pantoffeln aus purem Gold.
Die Füße und Beine sind ganz schwer.
Nun spürt der Kaiser auch, wie sein ganzer Körper schwer wird.
Ich bin ganz schwer, sagt der Kaiser zu sich.
Ich bin ganz ruhig und entspannt. (Zurücknehmen oder Fortsetzung)
Droben am Himmel steht die warme Sonne wie ein leuchtender Ball. Der Kaiser geht durch seinen Garten. Während er geht, fühlt er die warme Sonne auf seiner Haut.
Die Arme sind ganz warm.
Die Sonnenstrahlen scheinen auch auf seine Beine.
Die Beine sind ganz warm.
Während er immer weiter durch die Sonne geht, spürt er ein wohlig warmes Gefühl, das sich über den ganzen Körper ausbreitet.

Eine Entspannungsgeschichte

Ich bin ganz warm, sagt der Kaiser zu sich selbst.
Ich bin ganz ruhig und entspannt. (Zurücknehmen oder Fortsetzung)
Mitten im Garten des Kaisers gibt es einen Teich. In dem Teich schwimmen viele Seerosen. Eine Rose ist schöner als die andere. Der Kaiser setzt sich an den Rand des Teiches. Er blickt versonnen auf das Wasser. Er betrachtet die feinen Wellen. Er sieht, wie sich die Seerosen sanft mit den Wellen auf und ab bewegen. Der Kaiser fühlt, wie sein Atem ruhig wird. Die Atmung ist wie eine Welle.
Die Atmung geht ganz ruhig und gleichmäßig. Es atmet mich.
Ich bin ganz ruhig und entspannt. (Zurücknehmen oder Fortsetzung)
Der Kaiser trinkt eine Tasse Tee. Er spürt, wie der warme Tee seinen ganzen Bauch warm macht. Er genießt den Tee.
Der ganze Bauch ist strömend warm.
Der Tee duftet nach Blüten und Kräutern. Der Kaiser sagt zu sich:
Ich bin ganz ruhig und entspannt. (Zurücknehmen oder Fortsetzung)
Der Kaiser sieht einen seltenen Schmetterling. Vor Begeisterung läuft er ihm nach. Er läuft und spürt sein Herz schlagen: kräftig und gleichmäßig.
Dann ruht sich der Kaiser aus. Der Schmetterling ist davongeflogen. Von fern hört der Kaiser aus seinem Palast eine Glocke klingen. Sein Herzschlag ist wie der Glockenschlag.
Das Herz schlägt ruhig und gleichmäßig. Der Kaiser sagt zu sich:
Ich bin ganz ruhig und entspannt. (Zurücknehmen oder Fortsetzung)
Es weht ein kühler Wind. Der Wind streicht über seine Stirn. Das ist sehr angenehm.
Die Stirn ist kühl.
Der Kaiser fühlt, wie sich sein ganzes Gesicht entspannt. Ein feines Lächeln umspielt seine Lippen. Der Kaiser sagt zu sich:
Mein Gesicht ist entspannt. Ich bin ganz ruhig.
Langsam geht er zu seinem Palast zurück.
Jetzt hat er neue Kraft gewonnen.

Zurücknehmen:
Er reckt und streckt sich. Er dehnt seinen ganzen Körper ... Er gähnt einmal ganz tief ... Er atmet gleichmäßig aus und ein ... Er schaut sich um ...

Bedenken Sie bei dieser Geschichte:
Autogenes Training ist zwar eine sinnvolle Entspannungshilfe, es ist jedoch bei schwerwiegenden Konflikten kein Ersatz für eine gründliche therapeutische Intervention. Die tieferen Ursachen und Hintergründe für Nervosität und Unruhe werden meist nicht gesehen und behandelt.

7 Verweilen in der eigenen Mitte

Wir leben ganz im Augenblick

Meditation ist ein Übungsweg. Meditation ist ein Zustand des wachen In-sich-Ruhens, ein Verweilen in der eigenen Mitte, ein Erlebnis der Ganzheit. In der

Meditation spüren wir die Unendlichkeit des Kosmos in uns. Wir erkennen das Umfassende der Schöpfung in einem unmittelbaren Erleben.

Haben Sie bereits eigene Erfahrungen mit Meditation gesammelt? Dann werden Ihnen die oben stehenden Sätze nicht wie unverständliche, ferne Verheißungen oder magische Formeln vorkommen, sondern wie ein Stück Realität.

Meditation hat nicht unbedingt etwas zu tun mit anstrengenden Sitzhaltungen und fernöstlichen Praktiken der Konzentration. **Sie können Meditation im Alltag erleben, wenn Sie etwas mit vollem Bewußtsein tun, wenn Sie ganz bei einer Sache sind, wenn Sie sich ganz mit einer Tätigkeit verbinden und im Augenblick verweilen.** Nehmen Sie sich doch einmal vor, eine der nächsten Tätigkeiten, die Sie verrichten, mit vollem Bewußtsein und damit meditativ auszuführen. Sie beobachten und nehmen wahr. Sie spüren Bewegungsabläufe ganz bewußt. Sie versuchen, mit allen Sinnen bei der einen Sache zu bleiben. Sie blicken nicht zurück und nicht nach vorn. Sie leben ganz im Augenblick. Kinder bringen diese Fähigkeit naturgemäß mit auf die Welt. Mit welcher Freude und Hingabe versinken sie im Spiel. Doch leider haben heute viele Kinder und Jugendliche diese natürliche Gabe bereits verloren. In Kinderzimmern türmen sich so viele Spielzeuge, daß jeglicher Überblick fehlt. Kinder wechseln alle paar Minuten das Spielzeug, spielen oberflächlich und unkonzentriert, werden schnell ungeduldig, ja aggressiv. Deshalb müssen wir uns leider fragen, wie wir eine gesunde Spielhaltung wieder beleben können. Wenden wir uns doch einmal der alltäglichen Spielwelt zu. **Konzentriertes Spiel ist Meditation.**

Meditation

Kennst du das Wort Langeweile?
Hat sich Ihr Kind schon des öfteren beschwert, daß zu Hause nichts los ist? Daß es nicht weiß, was es spielen soll? Dabei ist sein Zimmer geradezu überfüllt mit Spielzeug. Trotzdem fühlt es sich leer. Lassen Sie es aus dem Wenigen schöpfen. Kann sich Ihr Kind vorstellen, daß wenig ganz viel sein kann? Sortieren Sie gemeinsam die Dinge aus, die Ihrem Kind im Augenblick nicht so wichtig erscheinen. Keller und Dachboden sind geheimnisvolle Orte zum Aufbewahren und Stöbern. Dort können die Sachen aufbewahrt werden, mit denen Ihr Kind im Augenblick nicht spielt. Irgendwann wird es sie wieder neu entdecken, als hätte es sie gerade geschenkt bekommen.

Eine neue Welt – Meditative Erfahrungen mit Licht

Die Flamme des Lebens

Auf dem Tisch steht eine Kerze. Manches Mal gibt es dafür äußere Anlässe wie Advent, Weihnachten, Geburtstag, Sommerfest. Eine Kerze kann mehr als eine Kerze sein. Lassen Sie Ihr Kind intensiv in die Flamme blicken. Es eröffnet sich eine ganz neue Welt des Lichtes, der Farben, der Bewegung und der Ruhe:
Richte deine Augen auf die Flamme. Sitze aufrecht und spüre den Atem. Was nimmst du wahr? Es kann sein, daß nach einiger Zeit deine Augen brennen oder zu tränen anfangen. Wenn dir dies unangenehm wird, so schließe die Augen. Was siehst du jetzt, in der Dunkelheit?

Spiralen des Lichts

Es ist ein besonders stimmungsvolles, ja meditatives Ritual, zu festlichen Anlässen Lichterspiralen zu legen. Dazu können Sie Teelichter nehmen, die Sie mit Ihrem Kind in der Form einer Spirale anordnen. Der Mittelpunkt könnte eine besonders schöne, dicke Kerze sein, eine Blume oder ein Edelstein.
Wenn es Ihrem Kind Freude bereitet, eine solche Lichterspirale selbst körperlich zu erfahren, so stellen Sie die Teelichter in Gläser, die ebenfalls in der Form einer Spirale angeordnet werden. Der Weg entlang der Spirale soll ganz bewußt gegangen werden:
Achte auf jeden deiner Schritte, die dich zum Mittelpunkt führen. Denke an nichts anderes als daran, jetzt in diesem Augenblick zu gehen. Spüre den Boden unter deinen Füßen. Fühle, wie du behutsam einen Schritt vor den anderen setzt. Wenn du im Zentrum der Spirale angekommen bist, so kannst du dort auch einen Gegenstand ablegen, den du vorher auf dem Wege mitgenommen hast.
Diese Meditation eignet sich auch als ein Geburtstagsritual oder für andere Kinderfeste. Dann können die Kinder auch ihre Geschenke im Zentrum der Spirale ablegen.

Verweilen in der eigenen Mitte

Wenn Stille klingt – Meditative Erfahrungen mit Tönen

Töne verklingen lassen

Suchen Sie Materialien oder Instrumente aus, die es ermöglichen, einem Ton oder einem Klang über kurze Zeit zu lauschen und wahrzunehmen, wie er leiser wird und schließlich in der Stille verklingt. Geeignet sind Triangel, Stimmgabel, Gong, ein Glas oder eine Klangschale. Wenn der Ton beim Ausklingen leiser wird, steigert sich die Aufmerksamkeit des Meditierenden zusehends. Er muß sich konzentrieren, um den Ton noch wahrnehmen zu können. Wenn der Ton schließlich verklungen zu sein scheint, ist es manchmal möglich, in die Stille hineinzuhorchen. Dann scheint es tatsächlich so, als schwinge der Ton im Raume nach und erfülle die Stille mit seinem Klang.

Kinder finden dieses Spiel oft sehr spannend. Man kann auf diese Weise sogar ganze Kindergruppen zur gesteigerten Aufmerksamkeit bewegen.

Der Klang deiner Stimme

Es gibt zwei Übungen, die eine sinnvolle Verbindung zwischen Atmung, Resonanzschwingungen und Konzentration ermöglichen. Ihr Ursprung findet sich im Altindischen, dem Sanskrit. Die Übungen sind sowohl im Hinduismus als auch im Buddhismus bekannt. Ihren Eingang in den westlichen Kulturkreis haben sie zum Teil über Yoga gefunden.

„Brahmari" – die summende Biene

Schließe die Augen. Summe beim Ausatmen einen stimmhaften M-Klang, und stelle dir dabei eine Biene vor, die durch den Raum fliegt. Wenn du alle Luft ausgeatmet hast, so atme wieder ein, und beginne beim Ausatmen erneut, den Ton zu erzeugen. Spüre die Schwingungen im Körper nach. Lausche dem Klang. Der Klang wird einerseits über das Körperinnere auf das innere Ohr übertragen und geht andererseits in den äußeren Raum und wird von dort mit dem äußeren Ohr aufgenommen. Wenn der hörbare Ton endet, bleibt die innere Einstellung des Lauschens und Spürens im inneren Raum bestehen.

OM – die heilige Silbe

OM gilt Buddhisten wie Hindus als heilige Silbe (Mantra). Soweit es sich übersetzen läßt, bedeutet das Mantra die erdhafte, die luftige und die himmlische Sphäre. OM wird so gesungen, daß es den umgebenden Raum und den eigenen Körper in Resonanzschwingungen versetzt. Forme beim Ausatmen die Lippen zu einem O, und lasse den Klang in den Raum tönen. Dann forme die Lippen zu einem M, bis der Klang mit dem Ausatemstrom endet. Danach folgt eine lautlose, regungslose Stille. Die Übung kann mehrmals wiederholt werden. So wechseln sich Klang und Stille ab.

Meditation

Schauen und erkennen –
Meditative Erfahrungen mit Gegenständen und Bildern

Viele reale Gegenstände der sichtbaren Welt können der Meditation dienen. Meditatives Erleben ist mehr als Angucken und Betrachten. Wir stellen dem Kind keine Fragen wie: „Was siehst du da?" „Was bedeutet das?" Wir versuchen das Bild nicht auf der logisch-rationalen Ebene „auseinanderzupflücken". Wir bewerten das Bild nicht nach „schön" oder „nicht schön".

Oftmals werden Bilder bekannter Künstler für Bildmeditationen gewählt (Chagall, Dalí, Magritte). Geeignet sind besonders Bildwerke, die ein verborgenes Geheimnis in sich tragen und durch einen hohen Symbolwert auffallen. Darüber hinaus ist es immer wieder die in sich geschlossene Form, der Kreis, die Blütenrosette (Lotos) oder das Viereck mit offenen Toren und einem Mittelpunkt, die als Abbild einer psychischen Erfahrung oder Situation gilt und als Meditationsbild Verwendung findet (Mandala, Yantra, Chakra).

Als Beispiel für ein Meditationsbild gilt die Darstellung: „Spaziergang durch Traumwelten". Die Umgrenzung des Bildes durch den Kreis konzentriert den wandernden Blick. Die Blickbewegungen werden somit zur Sammlung und Ruhe geführt. Das Bild ist auf einen Mittelpunkt konzentriert. Man kann es auf verschiedenen Ebenen betrachten. Es enthält Symbole, rätselhafte Beziehungen und Spannungsmomente.

Die Kraft der Mandalas

Das alte Wort „Mandala" aus dem Sanskrit, der klassischen Sprache Indiens, bedeutet soviel wie Kreis, Zentrum oder Geheimnis. Als Meditationsbild enthält ein Mandala meist die geometrischen Grundformen (Kreis, Dreieck, Quadrat) und steht als uraltes Symbol für den Weg in die eigene Mitte oder die Ganzheit des menschlichen Bewußtseins. Besonders der Kreis gehört zu einem der ältesten Symbole der Menschheit und verdeutlicht ein universelles Lebensprinzip.

Kinder auf der ganzen Welt malen meist spontan ganz ähnliche Mandala-Bilder. Vielleicht verdeutlicht dies die Seelenverwandtschaft aller Menschen und das Durchschreiten übereinstimmender Entwicklungsmuster. Wie wirken nun diese uralten „Zauberkreise", die seit Jahrtausenden als Konzentrations- oder Meditationsbilder eingesetzt werden?

- Es scheint, daß der Mensch ganz intuitiv in einem Mandala ein Spiegelbild seiner selbst erkennt.
- Mandalas zu malen und zu betrachten schenkt dem Menschen Ruhe und Konzentration und neue Kraft.
- Die Beschäftigung mit Mandalas stellt ein heilendes Ritual oder therapeutisches Mittel dar, das Selbstheilungskräfte freisetzt und inneres Chaos in Ordnung und Gleichgewicht verwandelt.
- In Mandalas können wir innere Konflikte und Störungen des seelischen Gleichgewichts deutlicher sehen und symbolisch ausdrücken (etwa durch die Wahl der Farben und Formen). Wir können innere Kämpfe, Zerrissenheit und Disharmonie, aber gleichzeitig auch Harmonie und Übereinstimmung sehen. Durch das spontane Gestalten können Energien und Gefühle frei fließen und auch die dunklen, verdrängten Teile des Menschen sich in dynamische Kraft verwandeln und in das tägliche Leben integriert werden.

In einem Zustand der Sammlung gewinnen wir neue Einsichten. Wir gestalten ein neues Bild von uns selbst und der Welt. Wenn Ihr Kind ein Mandala ganz spontan auswählt, wird es genau das wählen, das seiner augenblicklichen inneren Verfassung entspricht. Als Malmittel sind Buntstifte, Filzstifte, Aquarellstifte, Pastellkreide, Wasserfarbe oder Fingerfarbe geeignet. Mandalas sollten an einem ruhigen Ort und mit ausreichend Zeit ausgemalt werden. Wenn Ihr Kind möchte, kann es während des Gestaltens auch eine entspannende Musik hören. Mandalas kann man vom äußeren Kreis zum Mittelpunkt, aber auch umgekehrt vom Zentrum zur äußeren Begrenzung hin gestalten.

Die Kraft der Mandalas

Sehen Sie in dem Gestalten von Mandalas einen kreativen, rituellen Akt, der Ihr Kind vielleicht mit den tieferen Schichten seiner Persönlichkeit in Beziehung treten läßt. Mandalas sollen keine schönen „Vorzeigebilder" werden. Verzichten Sie deshalb beim Malen auf Kommentare und Bewertungen. Auch Lob ist hier nicht angebracht. Das Kind soll ja nicht das malen, was Ihnen gefällt, sondern es soll seine ureigenen inneren Bedürfnisse ausdrücken. Wenn Ihr Kind hinterher über das Mandala mit Ihnen sprechen möchte, so ist dies ein wichtiger Wendepunkt vom Innen zum Außen. Das Kind fühlt sich so nicht alleingelassen mit seinen inneren Bildern und Gefühlen.

Selbst erdachte Mandalas

Es ist nicht immer sinnvoll, ein bereits vorgefertigtes Mandala auszusuchen. Manchmal macht es viel mehr Spaß, sich das Mandala selbst auszudenken und dazu die unterschiedlichsten Materialien einzubeziehen. Selbst wenn die alten Mandalas ein klares Zentrum aufweisen und symmetrisch aufgebaut sind, so ist dieser traditionelle Aufbau nicht der einzig mögliche. Man kann ebenso in einen leeren Kreis ein Motiv hineinmalen. Die zentrierende Wirkung bleibt.

❍ Zeichnen Sie einen Kreis auf ein leeres Blatt Papier. Sie können einen großen Teller nehmen und diesen mit Bleistift oder mit schwarzem Filzstift umranden. Das Kind hat nun die Möglichkeit, in den leeren Kreis ein beliebiges Motiv oder ein Muster hineinzuarbeiten. Wenn Ihr Kind für die Gestaltung Wasserfarbe gewählt hat, so sollte das Papier stark und saugfähig sein.

❍ Sehr geeignet sind übrigens auch Drucktechniken: Warum nicht einmal die eigenen Finger nehmen? Mit Fingerfarbe läßt sich ein eindrucksvolles Mandala herstellen. Das Kind drückt den Zeigefinger in den Farbtopf, und anschließend wird das Mandala mit Fingerabdrücken gefüllt und gestaltet.

❍ Wenn man Mandalas auf Transparentpapier oder Architektenpapier bringt, so werden sie zu phantasievollen Fensterbildern, die dem Kinderzimmer neue Kraft verleihen.

❍ Mandalas lassen sich sehr schön auch aus Naturmaterialien legen, etwa aus Muscheln, Steinen, Tannenzapfen, Blüten oder Blättern. Wenn Sie die Bilder dann auch noch an einem ruhigen Ort in der Natur legen, dann verbindet sich der rituelle Vorgang des Legens und Gestaltens mit dem Eingebundensein in Natur und Schöpfung.

Verweilen in der eigenen Mitte

Phantasiebilder aus der Stille

Je tiefer ich mich auf den Gestaltungsprozeß einlasse, je mehr ich mich versenke in den Prozeß des Verwandelns von Farben und Formen, desto mehr lebe ich im Augenblick. In dieser Stille steigt tiefes Wissen auf, das sich der Vernunft entzieht, das unmittelbar mit mir zu tun hat und seine ganz eigene Sprache spricht. Dieser schöpferische Akt, der das Innere nach außen bringt, reinigt das Innere von Spannungen, führt aus passiver Ohnmacht in sinnvolles Handeln. Phantasiebilder aus der Stille entstehen leicht und fließend

○ beim Malen zu entspannender Musik
○ nach einer Atem-, Entspannungs- oder Meditationsübung
○ nach Phantasiereisen u. ä.

Sehr heilsam sind jedoch auch Spontanbilder, die nicht besonders vorbereitet oder pädagogisch eingeleitet werden, sondern sozusagen aus dem Nichts, aus der Stille, aus einem unmittelbaren körperlichen Bedürfnis und aus spontanen Bewegungsabläufen entstehen.

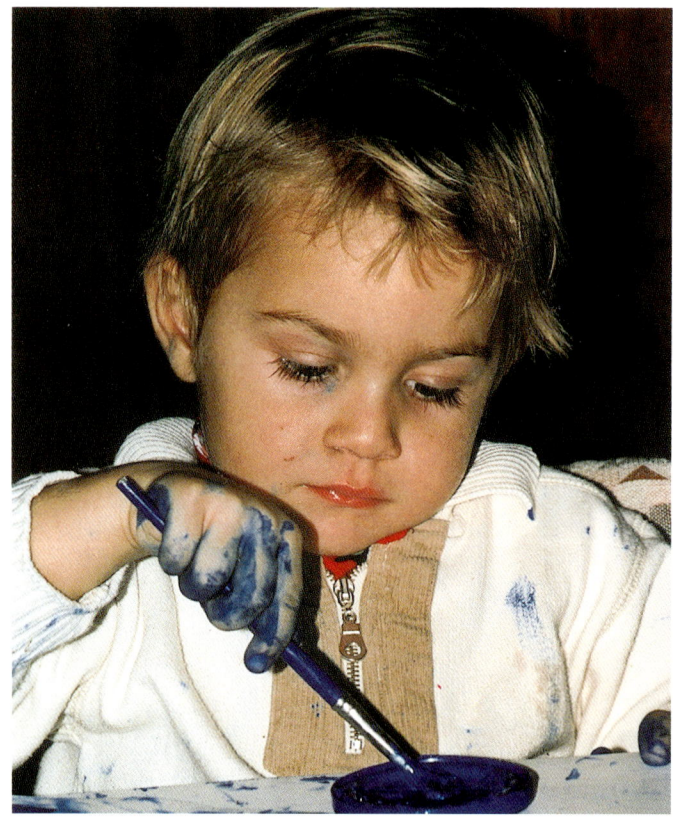

Phantasiebilder

Eine Bewegung entsteht in dir: Spontanbilder

Bereiten Sie mit Ihrem Kind zunächst den Raum vor. Legen Sie ein großes Stück Papier auf den Boden oder kleben Sie es an eine Wand oder Tür. Einige dicke Stifte oder Kreiden sind wichtig. Lesen Sie Ihrem Kind die Anleitung wie eine Phantasiereise vor.

Setze dich bequem auf einen Stuhl und schließe die Augen. Spüre, wie du jetzt dasitzt. Fühle auch deine Atmung, wie sie kommt und geht. Nimmst du noch andere Bewegungen in deinem Körper wahr? Horche in dich hinein. Vielleicht ist es nur ein Zwinkern im Auge oder ein Zucken im Zeh, das du jetzt bemerkst. Wenn du keine weiteren Bewegungen wahrnimmst, so warte eine Weile. Sitze ganz ruhig da, bis du das Gefühl hast, daß jetzt ganz tief aus deinem Inneren eine Bewegung entstehen möchte. Stell dir diese Bewegung vor. Mit welchem Körperteil möchtest du sie ausführen? Bewege nun diesen Teil deines Körpers. Vergrößere die Bewegung nun langsam und beziehe auch andere Körperteile mit ein. Spüre die Atmung dabei.
Laß die Bewegungen nun so weit wachsen, daß du das Gefühl hast, aufstehen zu müssen. Wiederhole die Bewegungen im Stehen. Gehe dann zu dem großen Blatt Papier, nimm einen dicken Stift und setze die Bewegungen damit fort. Die Bewegungen kommen ganz tief aus deinem Körper, sie fließen aus dir heraus. Laß alles zu, was aus dir herausströmt, ganz gleich, ob du dick oder dünn malst, groß oder klein, laut oder leise. Alles, was du ausdrückst, ist richtig. Das Bild ist ein Stück von dir. Niemand muß darin etwas erkennen, und niemandem muß das Bild gefallen. Wichtig ist dein Gefühl.
Schau nun das fertige Bild an. Möchtest du mit jemandem darüber sprechen? Möchtest du es aufhängen oder nicht?
Du kannst dieses Spiel jederzeit wiederholen, z. B. diesmal mit Wasserfarbe oder auch mit Ton. Jedesmal wirst du andere Erfahrungen machen.

Verweilen in der eigenen Mitte

Religiöse Erfahrungen aus der Stille

Gebete sind mehr als das Aufsagen und Nachvollziehen vorgegebener Texte. Sie sind ein bewußter Rückzug aus dem Alltag, um sich Gott zuzuwenden, Rückschau zu halten und das eigene Selbst zu entdecken. Die Bitte um Hilfe, der Dank für die schönen und geglückten Dinge des Lebens sind Teil dieser Zwiesprache. So schaffen Gebete ein Bewußtsein für das Wesentliche und geben dem Alltag Struktur. Sie können Meditation und Ritual sein, in denen Geborgenheit gefunden wird und aus denen Kraft geschöpft werden kann.

Gotteserfahrungen geschehen in der frühen Kindheit in erster Linie durch die Eltern als Mittler. Wichtig ist, daß Sie sich zunächst selbst über Ihre eigene Einstellung zu Gott und zur Schöpfung klarwerden. Kinder sind naturgemäß so sensibel, daß sie fühlen, ob Gebete oder religiöse Rituale aus innerer Überzeugung stattfinden, ob Handlung und Fühlen deckungsgleich sind oder nicht. Aufgrund innerer Zweifel sollte sich jedoch niemand vorschnell von religiösen Inhalten in der Erziehung abwenden.

Gerade in unserer modernen Zeit, wo das vordergründig Materielle vor die Sinnfrage gestellt wird, brauchen Kinder Werte und Orientierungshilfen. Sie suchen Antworten auf Fragen, die über die irdische Existenz hinausgehen. Deshalb nehmen Sie ruhig Ihre eigenen Fragen und Zweifel, ja vielleicht auch die eigene innere Zerrissenheit als gegeben an.

Sie können durchaus aus einer Haltung der eigenen Suche mit Kindern religiöse Erfahrungen machen. Selbst wenn Sie nicht gleich mit Kindern gemeinsam Gebete sprechen, so gibt es dennoch viele Möglichkeiten der Besinnung. Oftmals wachsen Eltern und Kinder zusammen mit ihren Erfahrungen und entwickeln mit der Zeit ein neues, gemeinsames religiöses Bewußtsein.

Gotteserfahrung bedeutet auch:

Sich mit allen Sinnen öffnen,
die Gedanken zur Ruhe bringen,
sich besinnen,
schweigen können,
Gefühle wahrnehmen,
die innere Stimme hören,
die Natur als Teil der göttlichen Schöpfung erkennen,
Gott in alltäglichen Begegnungen mit Menschen erfahren,
demütig sein,
sich einlassen,
zuhören können.

Von Kindern lernen
Wenn wir uns fragen „Wie kann ich mein Kind religiös erziehen?", ist diese Frage vielleicht so gar nicht richtig gestellt. Immer wieder können wir erleben, daß Kinder uns durch ihr offenes, neugieriges und spontanes Wesen verblüffen. Durch ihr Verhalten regen sie uns zum Nachdenken an. Sie drängen immer wieder aufs neue darauf, daß wir Stellung beziehen zu wichtigen Fragen der menschlichen und göttlichen Existenz.

Religiöse Erfahrungen

Kleine Sprüche und Gesprächsimpulse für religiöse Erfahrungen im Alltag

Sie können diese Sätze spontan in der jeweiligen Situation einsetzen, aber sehr gut auch abends vor dem Einschlafen, wenn Sie mit Ihrem Kind gemeinsam noch einmal ein wichtiges Ereignis des Tages vorbeiziehen lassen. Improvisieren Sie die Texte mit Ihren eigenen Worten. Die folgenden Zeilen sind lediglich Beispiele.

Mein Freund, der Baum
Schau auf die wunderbare Erde.
Alles hat seine Ordnung.
Schau auf den Baum.
Seine Wurzeln wohnen fest in der Erde.
Seine Krone ragt in den Himmel.
Der Baum verbindet Himmel und Erde.

Ein Blick in die Landschaft
Betrachte den Himmel.
Siehst du die Sonne?
Schau, wie die Wolken wandern.
Und dort die Landschaft.
Wie herrlich ist das Licht.
Gottes Schöpfung ist einmalig schön.

Mit dem Roller unterwegs
Ich fahre durch die Lande.
Der Wind bläst mir ins Gesicht.
Es ist herrlich, mit dem Roller zu brausen.
Ich bewege mich so gern.

Welch ein Schmerz
Heute bin ich hingefallen
(hatte ich Ohrenschmerzen, habe ich einen Zahn verloren).
Das hat weh getan.
Schmerzen sind sehr unangenehm.
Hoffentlich geht es bald wieder besser.

Das Wetter
Heute scheint die Sonne.
Das wird ein schöner Tag.

Dicke Wolken am Himmel.
Bald regnet es.
Der Regen ist gut.
Er läßt Bäume und Blumen wachsen.

Es ist kalt.
Pfützen sind zugefroren.
Es ist schön, über das Eis zu gleiten.

Dicke Flocken fallen vom Himmel.
Der Schnee legt sich wie ein feiner Mantel über das Land.
Gleich hole ich meinen Schlitten hervor.
Rodeln macht Spaß.

Ich möchte groß sein
Wie gern wäre ich groß, lieber Gott.
Dann könnte ich endlich (Fahrrad fahren, in die Schule gehen, alleine schwimmen ...).
Großsein ist wunderbar.
Da darf man viele Dinge, die kleine Kinder noch nicht dürfen.
Hoffentlich dauert es nicht mehr allzu lange, bis ich groß bin.

Ich bin nicht mehr dein Freund
Heute wollte ich mit meinem Freund spielen.
Doch der hat mich weggeschickt.
Er hat gesagt: „Ich bin nicht mehr dein Freund."
Jetzt bin ich ganz traurig.

Unsere liebe Katze
Ich habe für unsere Nachbarskatze ein Bett aus Moos gebaut.
Da kann sie sich ausruhen.
Hin und wieder stelle ich ihr ein Schälchen mit Futter hin.
Die Katze mag mich.
Wie gut, lieber Gott, daß es die Tiere gibt.

Immer aufräumen
Heute mußte ich schon wieder mein Zimmer aufräumen.
Mama hat geschimpft.
Papa auch.
Immer diese Unordnung.
Ich weiß ja, daß man manchmal aufräumen muß.
Trotzdem bin ich froh, wenn es vorbei ist.
Aufräumen finde ich doof.

Streit
Ich finde es toll, wenn ich Besuch bekomme.
Aber die anderen Kinder wollen immer mit meinen Sachen spielen.
Dann zanken wir uns, und meistens gibt es Tränen.
Streit ist nicht schön.
Aber: Zanken und sich dann wieder vertragen gehören wohl dazu.
Vielleicht finden wir eine Lösung, damit wir uns nicht so oft über meine Spielsachen streiten müssen.

Wichtig ist, daß Kinder lernen, ihre ganz alltäglichen Empfindungen, ihre Sorgen und Freuden auszudrücken. Die Gebete sollten möglichst kurz sein. Das Kind muß sich in seinen kleinen, alltäglichen Erfahrungen angenommen fühlen. Wählen Sie positive Formulierungen. Moralische Wertungen oder Gott als Richter und Strafinstanz erzeugen Druck und Ängste und behindern die Entwicklung von Gefühlen des Vertrauens und Aufgehobenseins.

Religiöse Erfahrungen

Ich preise die Schöpfung – ein Spiel zum Singen und Mitmachen

Und die Himmel, wie hoch sind sie, — *Arme gestreckt zum Himmel heben*
Und die Sonne, wie strahlet sie, — *Finger wie Sonnenstrahlen spreizen*
Und die Sternlein, wie flimmern sie, — *Finger zappeln lassen*
Schöpfer, dich loben sie. — *In die Hände klatschen*
Ja, wir loben und preisen den Herrn, — *Beim Klatschen die Hände wechseln*
Ja, wir loben und preisen den Herrn. — *(einmal ist die eine Hand oben, einmal die andere)*

Und die Stürme, wie blasen sie, — *Laut pusten*
Und die Wellen, wie rauschen sie, — *Mit der Hand Wellen andeuten*
Und die Fischlein, wie schwimmen sie, — *Schwimmbewegungen nachmachen*
Schöpfer, dich loben sie.
Ja, wir loben und preisen den Herrn, — *Wie oben*
Ja, wir loben und preisen den Herrn.

Und die Blumen, wie wachsen sie, — *Mit der Hand Blüte zeigen und öffnen*
Und die Tierlein, wie springen sie, — *Springbewegungen mit den Händen*
Und die Kinder, wie singen sie,
Schöpfer, dich loben sie.
Ja, wir loben und preisen den Herrn, — *Wie oben*
Ja, wir loben und preisen den Herrn.

Verweilen in der eigenen Mitte

Vom Ich zum Du – Rituale für Gruppen

Der Rückzug in die Stille kann für die meisten Menschen kein durchgängiges Lebenskonzept sein. Nach dem Blick nach Innen sollten wir wieder ins praktische Leben eintauchen und es dann hoffentlich mit neuen Erkenntnissen und mehr Besonnenheit meistern.

Ein wichtiger Aspekt ist deshalb der Weg vom Inneren nach Außen, vom Ich (oder vom Selbst) zum Du. Voraussetzung für einen befriedigenden Dialog ist es natürlich, daß ich wirklich aus innerstem Herzen mit anderen in Verbindung treten, meine soziale Wahrnehmungsfähigkeit, meine Kommunikations- und Kooperationsfähigkeit (auch ohne Worte) einbringen und vielleicht auch meine Wirkung auf andere Menschen besser kennenlernen möchte.

Bei den nachfolgenden Übungsbeispielen handelt es sich um stille Gruppenrituale, die sowohl der eigenen Stilleerfahrung als auch einem gemeinsamen Gruppengefühl dienen.

Man kann sie gut am Beginn einer Feier einsetzen, um bei der Gruppe eine konzentrierte, besinnliche Stimmung zu wecken, die Besonderheit des Tages zu unterstreichen, sich selbst und andere besser zu spüren, sich mit anderen durch ein gemeinsames Ziel, durch ein gemeinsames Ritual zu verbinden und die Energien der Gruppe auf den einzelnen wirken zu lassen.

Vom Ich zum Du

Gute Wünsche

Dieses Begrüßungsspiel könnte man auch als Wunschritual bezeichnen. Es eignet sich zum Beispiel sehr gut zum Auftakt einer Geburtstagsfeier.
Jeder Gast bekommt ein zur Hälfte gefülltes Wasserglas mit einer Schwimmkerze in die Hand. Die Gruppe stellt sich im Kreis auf. Das Geburtstagskind steht in der Kreismitte. Man kann während des Rituals eine leise, meditative Musik laufen lassen. Nun erklärt man der Gruppe das Spiel. Ein Mitspieler nach dem anderen soll in die Kreismitte gehen und das Lebenslicht mit einem Wunsch auf den Boden stellen: „Ich schenke dir ein Lebenslicht und wünsche dir ... (Jeder sagt seinen persönlichen Wunsch, etwa Gesundheit, Glück, gute Zensuren, viel Sonne ... usw.) Bevor das Spiel beginnt, hat jeder die Möglichkeit, die Augen zu schließen, ganz in sich hineinzuhorchen. Was wünsche ich dem anderen? Was fällt mir spontan ein? Erst dann beginnt das Ritual.

Ohne Worte

Auch ohne Worte, lediglich über die Sprache des Körpers und über das Gefühl, kann man sich mit anderen verständigen.
Wieder bilden alle Kinder einen Kreis. Sie halten sich an den Händen. Sprechen Sie: „Spürt die Hände eurer beiden Nachbarn. Stellt euch vor, wer rechts und wer links neben euch steht."
Nun sollen alle Kinder des Kreises gemeinsam in die Kreismitte gehen.
„Doch wartet noch eine Weile. Ihr sollt spüren, wann ihr gemeinsam losgeht. Niemand sagt ein Wort dabei. Verlaßt euch auf euer Gefühl. Ihr werdet selbst spüren, wann die anderen losgehen ... Wenn ihr in der Mitte angekommen seid, so bleibt dort stumm stehen ...
Dann geht ihr gemeinsam zurück.
Aber auch diesmal sollte nicht gesprochen werden."

Blinzeln

Die Gruppe sitzt im Kreis auf der Erde. Alle schweigen. Nur die Augen wandern in der Runde umher. Ein Kind, das vorher bestimmt wurde, blinzelt nun einem anderen zu. Das Kind, das sich angesprochen fühlt, steht auf. Es tauscht mit dem Kind, das geblinzelt hat, den Platz. Jetzt darf es selber blinzeln. Welches Kind aus der Gruppe wählt es wohl aus? Das Spiel geht so lange weiter, bis alle Kinder an der Reihe waren.

Variation für Geburtstagsrunden:
Nur das Geburtstagskind darf blinzeln. Das Kind, das sich angesprochen fühlt, erhebt sich von seinem Platz und überreicht sein Geschenk. Spielregel: Die Gruppe schweigt dazu. Das Geburtstagskind, das nun ganz bewußt und besinnlich sein Geschenk auspackt, soll natürlich seine Freude zum Ausdruck bringen und sich mit einer Geste bedanken. Am Schluß des Spiels liegen alle Geschenke ausgepackt im Kreis. Nun können sich alle darüber unterhalten.

Wer bin ich?

Wie wäre es mit einer Vorstellungsrunde in Form eines stummen Malspiels?
In der Kreismitte liegt ein riesiges Stück Packpapier. Alle Kinder hocken auf dem Boden. Jedes Kind erhält einen Stift. Nun ertönt ein Gong. Jedes Kind darf etwas malen. Es ist wichtig, daß man vorher erklärt, daß jedes Kind auch lediglich Muster oder sogenannte „Krikelkrakel" auf das Blatt bringen darf. Niemand muß einen Gegenstand auf dem Bild erkennen. Jede Darstellung ist auf ihre Weise schön. Während des Gestaltens wird nicht gesprochen. Wenn der Gong wieder ertönt, legen alle den Stift auf den Boden zurück. Die Gruppe geht im Kreis herum. Alle Kinder betrachten stumm die gemalten Bilder. Dann setzen sie sich auf ihren Platz zurück. Nun sagt jedes Kind seinen Namen wie: „Ich bin der Felix, und das ist mein Bild …"
Am Ende der Runde können sich die Kinder über die gemalten Bilder unterhalten.

Vom Ich zum Du

Ein gemeinsames Mandala

Geben Sie Ihren Kindern, Ihren Freunden oder der ganzen Familie ein entsprechend großes, kreisrundes Blatt Papier. Legen Sie diese Grundform eines Mandalas auf eine freie Tischfläche oder kleben Sie das Blatt einfach mit Klebeband auf dem Boden fest. Jedes Gruppenmitglied erhält einen Stift und darf mit den anderen gemeinsam an der Ausgestaltung des Bildes mitwirken.

Jeder sollte aus seinem Gefühl heraus zu dem ganzen Gebilde beitragen. Sprechen Sie vorher ab, wer an welcher Stelle mit dem Malen beginnt. Dabei ist es nicht so bedeutsam, ob abstrakte Muster, Farbkleckse, gegenständliche Darstellungen oder andere Gestaltungsformen gewählt werden.

Interessant ist vielleicht die Frage: Kann ein Mitspieler oder eine Mitspielerin mit dem begrenzten Arbeitsraum auskommen? Läßt er oder sie sich von den anderen inspirieren, oder arbeitet er oder sie ganz versunken vor sich hin? Versuchen die Spieler zu dem Ganzen beizutragen, oder wollen sie unbedingt das eigene Werk in den Vordergrund rücken?

Das Malen ist somit oft alles andere als eine friedliche, stille Erfahrung. Denn mitunter sind Turbulenzen zu befürchten, wenn sich Mitspieler gegenseitig ins Gehege kommen und ihre Individualität so stark durchsetzen wollen, daß dieses Gemeinschaftsprojekt zu scheitern droht. Viele Kinder kennen Gemeinschaftsbilder überhaupt nicht und sind stark darauf fixiert, jeweils für sich an einem eigenen Produkt zu arbeiten.

Hier ist dann vielleicht Konfliktlösung eher angesagt als ein friedliches Miteinander. Ich denke aber dennoch, daß die gemeinschaftliche Arbeit an der runden, ganzen Form auch ein Urbild von Gemeinschaft symbolisiert, zu der natürlich auch die Bearbeitung von Konflikten gehört.

Bewußt habe ich die Arbeit an dem gemeinsamen Mandala an das Ende dieses Buches gestellt. Das Mandala als Symbol der psychischen Ganzheit und der Individuation sollte eigentlich von einem einzelnen Menschen für sich allein ausgewählt und ausgestaltet werden. Daß jetzt eine Gruppe diese Aufgabe übernimmt, verdeutlicht vielleicht, daß wir alle auf gewisse Weise in unserem psychischen Erleben miteinander verbunden sind.

Es bedeutet aber auch, daß wir aus Isolation ausbrechen, uns von anderen anregen und berühren lassen, daß wir Grenzen überschreiten, ein neues Wir-Gefühl erfahren und aus dem Miteinander in der Gruppe zu neuen persönlichen und sozialen Erfahrungen gelangen.

Ein Wort zum Schluß

Dieses Buch soll eines nicht sein: eine Vorlage, wie man gestreßte Kinder, als Opfer einer schnellebigen Leistungsgesellschaft, rasch wieder funktionstüchtig bekommt. Kinder, die heute viel zu früh mit viel zu vielen Förderangeboten konfrontiert werden, sollten nicht mit gleicher Akribie eine „Stille-Förderung" erfahren. Stille-Erfahrungen dürfen nicht zu einer Art „Stille-Programm" degenerieren.

Ich denke, daß es wichtig ist, die in diesem Buch zusammengestellten Vorschläge vor dem Hintergrund eines ganz plastischen Bildes zu betrachten: Sehen Sie Ihr Kind wie eine langsam wachsende Pflanze, die Nahrung und Pflege benötigt. Die sich aber letztendlich nach eigenen Gesetzen entfalten und entwickeln möchte und dazu auch die Kraft und die Möglichkeiten mitbringt. Sehen Sie Ihr Kind als einen vorübergehenden Gast, der zwar nach dem Weg fragt, aber von Anfang an dazu bestimmt ist, seinen eigenen Weg zu gehen. **Haben Sie Geduld und Zeit, Ihr Kind wirklich kennenzulernen! Dann werden Sie aus der reichhaltigen Palette der vorliegenden Spiele zur Stille und Entspannung die passenden Angebote auswählen.** Sie werden vielleicht auch von Ihren fertigen Vorstellungen abrücken, was Ihr Kind in seinem Alter unbedingt schon alles können sollte. Sie werden sich unter Umständen auch mit der Frage beschäftigen, wer Ihr Kind eigentlich ist und welche Bedürfnisse es hat. Und Sie werden sich vielleicht ebenso Ihren eigenen Bedürfnissen und Gefühlen zuwenden. Gerade im ersten Teil des Buches habe ich versucht, den Zusammenhang zwischen dem elterlichen Vorbild und dem kindlichen Verhalten aufzuschlüsseln. Selbst wenn sich Erwachsene zusammenreißen, verstellen und sich selbst unter Kontrolle halten, so spüren Kinder doch instinktiv die manchmal chaotische Energie ihrer Eltern und reflektieren sie wiederum durch ihre Rebellion. Die Übereinstimmung zwischen unseren Worten und Gefühlen tut den Kindern dagegen gut. Deshalb ist Wahrhaftigkeit angesagt. Kinder brauchen ein authentisches Vorbild, das menschliche Gefühle und Stimmungen ehrlich zum Ausdruck bringt und durchlebt. Das gibt ihnen die Chance, selbst wahrhaftig so zu sein, wie sie sind.

„Erste Hilfe" für unruhige Kinder!

Wenn Ihr Kind aufgeregt, unruhig oder überdreht ist, wird oftmals schnelle Hilfe verlangt. Beachten Sie jedoch: Die folgenden Vorschläge ersetzen keine grundsätzlichen Überlegungen hinsichtlich der Ursachen eines bestimmten Verhaltens. Sie sind lediglich kleine „Sofort-Hilfe-Tips". Beobachten Sie aufmerksam, wie Ihr Kind darauf reagiert!

❍ Kommen Sie selbst innerlich zur Ruhe. **Sprechen Sie mit unruhigen Kindern bewußt in einem ruhigen Tonfall und mit gedämpfter Lautstärke!** Achten Sie auf Ihre eigene Atmung. Wer laut „Ruhe" brüllt, wird Kinder bestimmt nicht zur Stille führen können!

❍ Vermeiden Sie Worte und Formulierungen, die Kinder noch mehr innerlich aufwühlen. Androhung von Strafe und die Verwendung bestimmter „Reizwörter" („Wenn du nicht sofort still bist, dann passiert ...") ist kein angemessener Weg aus dem Gefühlschaos. **Wählen Sie möglichst positive, konstruktive Formulierungen!**

❍ Kinder, die aus bestimmten Gründen außer sich geraten, brauchen **liebevolle Zuwendung.** Auch direkter **Körperkontakt** kann sehr hilfreich sein. Nehmen Sie das Kind auf den Schoß. Beruhigendes Halten und Streicheln kann Verspannungen lösen, ebenso ein sanftes Wiegen und Schaukeln in gleichbleibendem Rhythmus. Bei kleinen Kindern hilft auch das Lieblingskuscheltier oder das Schmusetuch.

❍ Unruhige Kinder benötigen oft auch **Bewegung.** Damit ist nicht das sogenannte „Toben" im Zimmer gemeint, wobei Kinder meist noch mehr aufdrehen. Gehen Sie mit Ihrem „Zappelphilipp" so oft wie möglich in die freie Natur. Auch schlechtes Wetter sollte Sie nicht davon abhalten.

❍ Reduzieren Sie Reize, die das Kind noch zusätzlich aufregen (z. B. bestimmte Medien und Spielzeugüberangebot). Manchmal kann es helfen, mit Kindern, die regelrecht „ausflippen", **an einen ruhigen Ort zu gehen.** Die Stille eines Zimmers, in das Sie sich mit dem Kind allein zurückziehen, beruhigt oft die aufgewühlte Seele.

❍ Vielleicht **fesseln Sie die Aufmerksamkeit des Kindes** durch einen interessanten Gegenstand oder ein Bild. Vielleicht lauschen Sie dem Spiel des Windes oder einem Vogel im Garten. Manchmal hilft es, dem Kind einen ganz neuen, interessanten Gedanken ins Bewußtsein zu bringen, der es wieder zu sich kommen läßt.

❍ Inwieweit Sie mit Ihrem Kind direkt über eine Situation reden sollten, die es so aufgewühlt hat, hängt vom Einzelfall ab. Manchmal hilft es, **mit ruhigen Worten ein Ereignis zu klären.** Wichtig ist: Es gibt keine unrechten oder falschen Gefühle. Selbst wenn Ihr Kind außer sich ist (vor Ärger, Wut, Überreizung etc.), so hat dies einen Hintergrund, der Sie zum Nachdenken anregen sollte.

Bücher,
die Eltern und
Kindern gut tun

Impressum

© 1998 Christophorus-Verlag GmbH
Freiburg im Breisgau

Alle Rechte vorbehalten –
Printed in Germany

Jede gewerbliche Nutzung der Arbeiten und Entwürfe ist nur mit Genehmigung der Urheber und des Verlags gestattet. Bei Anwendung im Unterricht und in Kursen ist auf dieses Buch hinzuweisen.

Gesamtherstellung: Hampp Verlag, Stuttgart
Fotos: S. 2-3, 8, 23, 29, 36, 39: Hartmut W. Schmidt, S. 4: Eric Schaible, S. 5, 6, 12, 21, 24, 26, 42, 48, 53, 74, 78, 89, 90, 92, 94: Jutta Weser, S. 17, 25, 59, 61-65: Horst Bethmann, S. 31: Bayerische Zugspitzbahn AG, S. 84: Carla Francesco
Titelfoto: Hartmut W. Schmidt
Illustrationen: Brigitte Wilmes-Mielenhausen
Satz: pws Print und Werbeservice Stuttgart
Layoutentwurf und Umschlaggestaltung: communicate, Stuttgart
Druck: Franz-Spiegel-Buch, Ulm

ISBN 3-419-53304-7